FALKEN

FALKEN

Elke Eßmann

Kreativ bewerben

Individueller, überzeugender, erfolgreicher

Zum Thema Beruf und Bewerbung sind im FALKEN Verlag zahlreiche Titel erschienen:
Die überzeugende Bewerbung (Nr. 2608)
Das telefonische Job-Interview (Nr. 2569)
Das Vorstellungsgespräch (Nr. 2684)
Erfolgreich bewerben im Internet (Nr. 2855)
Der FALKEN Bewerber-Knigge (Nr. 2084)
Karriereplanung für Geisteswissenschaftler (Nr. 2743)
Karriereplanung für Frauen (Nr. 2741)

Sie sind überall dort erhältlich, wo es Bücher gibt.

Sie finden uns im Internet: **www.falken.de**

Dieses Buch wurde auf chlorfrei gebleichtem und säurefreiem Papier gedruckt.

Der Text dieses Buches entspricht den Regeln der neuen deutschen Rechtschreibung.

ISBN 3 8068 5531 5

Umschlaggestaltung: WSP-Design, Heidelberg
Redaktion: Sylvia Winnewisser, Wiesbaden / Sabine Weeke
Herstellung: Sandra Krumpholz / Bettina Christ

Satz: Filmsatz Schröter GmbH, Müchen
Druck: GGP Media, Pößneck

817 2635 4453 6271

Inhalt

Chancen kreativ nutzen

Neuer Job, neue Chancen: Um auf dem Arbeitsmarkt zu bestehen, ist es wichtig, sich gut zu präsentieren. Das beginnt mit der perfekten Bewerbungsmappe. Dabei sind Kreativität und eigener Stil heute wichtiger denn je.

Den meisten von uns hängt noch das alte Briefschema nach, das zwischen den „Sehr geehrten Damen und Herren" und den „freundlichen Grüßen" einige gähnend langweilige Standardsätze enthält – Papier ist eben geduldig, die Empfänger sind es meistens weniger. Dass es auch anders geht, zeigt dieser Bewerbungsratgeber. Neben den formalen und inhaltlichen Basics, die man in puncto Bewerbung unbedingt beachten sollte, bietet er viele Tipps und Ideen für kreative Bewerbungen. Sie lernen, wie Sie außergewöhnliche Anschreiben verfassen, die der Personalchef garantiert nicht unbeachtet lässt.

Lesen Sie außerdem, wie Sie

- in kreativen Berufen mit witzigen Layout-Einfällen, pfiffigen Anschreiben auf sich aufmerksam machen können,
- Ihre Bewerbung mit Papier, Mappe & Co. ansprechend und außergewöhnlich gestalten,
- Plakatwände, Direktmailings, Rückantwortkarten und andere kreative Strategien der Stellensuche nutzen können,
- ganz innovativ per E-Mail und/oder eigener Bewerbungshomepage für sich punkten.

Zusatzplus: Zu allen vorgestellten Strategien werden ideenreiche Text- und Gestaltungsbeispiele vorgestellt, die das Verfassen der eigenen Bewerbung erleichtern.

Das traditionelle Muster einer schriftlichen Bewerbung – Anschreiben, Lebenslauf mit Foto rechts oben usw. – muss nicht mehr stur befolgt werden. Kreative Einfälle, alternativ verfasste Anschreiben oder außergewöhnlich gestaltete Mappen sind heute durchaus salonfähig. Mehr noch: Bewerbungen, die sich von der klassischen Form abheben, bringen dem Bewerber Vorteile. Der Grund liegt auf der Hand: Stellen Sie sich einen Personalchef vor, der eine Stellenanzeige geschaltet hat. Er wird nun Dutzende oder sogar Hunderte von Bewerbungen erhalten, davon die meisten folgsam nach den Regeln gängiger Bewerbungsratgeber zusammengestellt und formuliert und daher nahezu ununterscheidbar. Der Personalchef wird jetzt mit geschultem Blick die Bewerbungen durchsehen. Berücksichtigen Sie eine durchschnittliche Lesezeit von fünf bis zehn Minuten für eine Bewerbung, dann haben Sie eine ziemlich genaue Vorstellung davon, was Ihre Bewerbung in dieser Situation leisten muss. Zwar gehören Noten, Studiendauer und praktische Erfahrung nach wie vor zu den wichtigen Auswahlkriterien, nach denen Personalverantwortliche Bewerber auswählen. Doch wer in die engere Wahl kommen will, braucht Pluspunkte. Eine Standardbewerbung, die sich auf die sachliche Aufzählung beruflicher Qualifikationen beschränkt, reicht hier nicht mehr aus. Heute steht neben der Information die Abgrenzung von den Mitbewerbern im Vordergrund.

Wenn Sie bis hierher gelesen haben, fragen Sie sich vielleicht: Und wie schaffe ich es, die Aufmerksamkeit auf mich zu lenken? Außergewöhnlich und kreativ kann eine Bewerbung auf vielfältige Art sein. Das lässt sich auf einen flotten und verständlichen Schreibstil beziehen oder eine ansprechende Typografie, die besonders wichtige Textstellen hervorhebt. Kreativität können Sie bereits im Vorfeld bei der Zusammenstellung und Verpackung Ihrer Unterlagen beweisen. Dieses Buch möchte Ihnen als Bewerber zeigen, wie Sie mit einer kreativen Bewerbung ein anerkennendes Lächeln beim Personalchef ernten können. Sie finden deshalb vielfältige Vorschläge und Anregungen, die Sie nach Ihren persönlichen Bedürfnissen zusammenstellen können. Jede Idee kann helfen, Ihre Persönlichkeit zu betonen und Ihre Fähigkeiten in den Vordergrund zu rücken.

Nur auf Anzeigen reagieren und Bewerbungen verschicken führt oft nicht zum gewünschten Erfolg. Manchmal gilt es auch, die Bewerbungsstrategie zu ändern, um eine attraktive neue Aufgabe zu finden. Deshalb enthält dieses Buch auch Anregungen für ungewöhnliche Methoden, die von den eingeschliffenen Bewerbungsriten abweichen – vom Direktmailing bis zur Online-Bewerbung.

Beachten Sie jedoch: Eine kreative Bewerbung ist immer auch eine sehr persönliche Bewerbung, die viel Einfühlungsvermögen erfordert. Übernehmen Sie also nicht kritiklos, was andere Ihnen vorgemacht haben, sondern suchen Sie nach einer Lösung, die auf Ihre eigene Situation und die des Empfängers optimal passt. Eine gute Bewerbung geht auf die Wünsche des Unternehmens ein, bei dem man sich bewirbt. Das gilt insbesondere für eine kreative Bewerbung. Längst nicht jede Idee eignet sich für jeden Arbeitgeber. Was in der Werbebranche gut ankommt, könnte bei den Personalchefs einer Bank oder Behörde Befremden oder Stirnrunzeln hervorrufen. Ob Ihre Bewerbung den richtigen Ton trifft, hängt von Ihrem Fingerspitzengefühl ab. Sobald Sie sich von der Norm entfernen, gibt es keine allgemein gültige Idealform der Bewerbung mehr. Folgende Grundregeln sollten Sie jedoch immer beachten:

- Je kreativer die angestrebte Tätigkeit ist, desto fantasievoller können Sie auch Ihre Bewerbung gestalten. Das heißt auch: Nicht alle der in diesem Buch vorgestellten Bewerbungsideen sind in jeder Branche verwendbar.
- Eine Bewerbung muss der Persönlichkeit des Bewerbers entsprechen. Insofern ist eine konventionelle Bewerbung unter Umständen passender als eine, die sich krampfhaft um Originalität bemüht. Feilen Sie so lange an Ihrer Bewerbung, bis Sie selbst ein gutes Gefühl dabei haben.
- Auch eine kreative Bewerbung muss vor allem eines sein: wahr und vollständig. Die Originalität darf nicht zu Lasten der faktischen In-

formation gehen. Sie riskieren sonst, dass Sie nur ein Kopfschütteln ernten und nicht die gewünschte Aufmerksamkeit.

- Die Wirkung Ihrer Bewerbung hängt nicht zuletzt davon ab, ob Inhalt und Verpackung in einem stimmigen Zusammenhang stehen. Wenn Sie sich also für einen sachlichen Text entscheiden, sollte auch die Aufmachung seriös wirken. Eine poppig bunte Mappe passt hingegen zu einem pfiffig formulierten Text.

UNSER TIPP

Bevor Sie Ihre Bewerbungsunterlagen zur Post bringen, prüfen Sie noch einmal gründlich, welche Botschaft Ihre Entwürfe vermitteln: ob sie eventuell zweideutig sind oder überzogen oder künstlich wirken. Versetzen Sie sich dazu in die Lage des Empfängers. Welche Reaktionen könnten Sie mit Ihrer Bewerbung bei dem Personalverantwortlichen hervorrufen?

Trotz des großen Konkurrenzdrucks sind außergewöhnliche Bewerbungen in der Praxis bisher die Ausnahme. Diese Chance können Sie nutzen und dabei soll Ihnen dieses Buch helfen: Lassen Sie sich anregen und verführen, eine erfrischend andere Bewerbung zu verfassen. Wenn Sie nach Durchsicht der zahlreichen Musterbriefe eine noch bessere eigene Idee für Ihre Bewerbung haben, hat das Buch sein Ziel erreicht.

Persönlicher Check-up

Ihr zukünftiger Chef kennt Sie nicht. Die Bewerbung ist das Erste, was er von Ihnen zu sehen bekommt, und vermittelt ihm einen Eindruck von Ihrer Arbeitsweise und Ihrer Persönlichkeit.

Es gilt, ihn davon zu überzeugen, dass man genau der richtige Mitarbeiter für die gestellten Aufgaben ist. Damit das gelingt, bedarf es einer guten Vorbereitung und einer überlegten Vorgehensweise. Sie tun gut daran, sich nicht nur über die äußere Form der Bewerbung Gedanken zu machen. Mindestens ebenso wichtig ist es, sich mit den Anforderungen der angepeilten Stelle und den eigenen Fähigkeiten und Kenntnissen auseinander zu setzen. Was wird von dem Stellenbewerber gefordert? Welche Interessen habe ich? Lassen sich meine Kenntnisse und Neigungen mit den Anforderungen des Berufs in Einklang bringen? Generell gilt: Je besser Sie über Ihre Fachkenntnisse und Fähigkeiten Bescheid wissen und je genauer Sie persönliche Stärken und Schwächen einschätzen können, desto besser können Sie Werbung für sich machen und desto größer ist die Wahrscheinlichkeit, dass Sie eine Stelle finden, die Ihnen entspricht.

Machen Sie diese Vorarbeit gründlich. Auch Aktivitäten oder Kenntnisse, die Ihnen zunächst zweitrangig erscheinen, können an Bedeutung gewinnen. Oft zählt für den Arbeitgeber nicht nur die berufliche Qualifikation, sondern auch die Art und Weise, wie Sie Ihren beruflichen Werdegang gestaltet und welche Erfahrungen Sie darüber hinaus gesammelt haben. Auslandsaufenthalte, soziales Engagement, besondere Talente – alles das kann für Ihre Karriere und Ihren zukünftigen Arbeitgeber interessant sein.

Ihre Erfolgsfaktoren

Nur wer weiß, was er beruflich und persönlich zu bieten hat und wo die berufliche Reise hingehen soll, kann ein klares Ziel verfolgen und erreichen. Sie müssen wissen, wie Sie für sich werben können, um das Interesse für Ihre Person zu wecken. Mit einer gezielten Selbstbefragung schaffen Sie eine solide Basis für Ihre Bewerbungsaktivitäten. Eine Vorarbeit, die sich lohnt – denn je genauer Sie Ihre eigenen Ansprüche an den Beruf kennen, desto größer ist die Wahrscheinlichkeit, dass Sie eine Stelle finden, die Ihnen entspricht und Ihnen Spaß macht.

Berufliche Qualifikationen

Überlegen Sie im ersten Schritt ganz konkret, welche praktischen Erfahrungen Sie während Ihrer Berufstätigkeit erworben haben. Listen Sie auf, welche Fähigkeiten für einen Arbeitgeber besonders interessant sein könnten. Gehen Sie dazu in Gedanken (oder mithilfe eines Stichwortzettels) alle bisherigen Stationen Ihres Berufslebens durch und halten Sie sich den Verlauf Ihrer beruflichen Entwicklung vor Augen. Versuchen Sie, ein Gefühl dafür zu bekommen, in welchen Bereichen Ihre Stärken liegen.

Bei der beruflichen Standortbestimmung können Ihnen die folgenden Fragen helfen:

- Welche beruflichen Stationen habe ich bereits durchlaufen?
- Welche Tätigkeiten habe ich ausgeführt? Welches waren die wichtigsten Aufgaben- und Verantwortungsbereiche?
- Welche Fähigkeiten habe ich mir dabei angeeignet (z. B. Arbeitsorganisation, Kostenbewusstsein)? Wie bin ich Probleme angegangen bzw. wie habe ich sie gelöst?
- Welche Aufgaben/Aufgabenbereiche fallen mir besonders leicht? Wo sehe ich meine besonderen persönlichen Stärken?
- Welche außerberuflichen Aktivitäten könnten für meinen zukünftigen Chef interessant sein (z. B. Auslandsaufenthalte, IT-Hobbys, soziales Engagement)?

Persönliche Stärken

Jede Position verlangt gewisse persönliche Begabungen und Eigenschaften, z. B. Teamfähigkeit, Durchsetzungsvermögen, Belastbarkeit u. Ä. Ermitteln Sie in Schritt zwei die persönlichen Begabungen und Eigenschaften, die Sie anführen können, um Ihre berufliche Leistungsfähigkeit und Motivation zu unterstreichen.

Betrachten Sie dazu noch einmal systematisch die verschiedenen beruflichen Situationen und rufen Sie sich konkrete Erlebnisse ins Gedächtnis. Die folgenden Fragen bringen Sie auf die richtige Spur:

- Wo liegen Ihre Stärken? Finden Sie mindestens fünf positive Eigenschaften, die in ganz besonderem Maße auf Sie zutreffen und auch einen zukünftigen Arbeitgeber interessieren könnten.
- Überprüfen Sie Ihre Einschätzung: Werden Sie von anderen auch so gesehen? Würde Ihr jetziger/letzter Chef Sie auch so sehen?
- In welchen konkreten Situationen haben Sie diese Eigenschaften erworben? Wo haben Sie sie unter Beweis gestellt?
- Wie könnten Sie diese Fähigkeiten in Zukunft einsetzen, wem wären sie nützlich?

Berufliche Ziele

Ein Stellenwechsel ist eine wichtige Entscheidung für die Zukunft. Was erwarten Sie eigentlich von Ihrer nächsten Stelle? Was ist Ihnen wichtig? Nehmen Sie Ihre persönliche Selbsteinschätzung zu Hilfe, um über Ihre Vorstellungen möglichst umfassend Klarheit zu gewinnen:

- Was gefällt Ihnen an Ihrer bisherigen beruflichen Situation? Was missfällt Ihnen?
- Welche Aufgabenbereiche würden Ihnen Spaß machen?
- Wären Sie bereit, eine völlig neue berufliche Aufgabe zu übernehmen? Welche Branchen kämen infrage?
- Welche Aufstiegs-/Entwicklungsmöglichkeiten erwarten Sie?
- Wollen Sie lieber in einem kleinen, mittleren oder großen Unternehmen arbeiten?

- Legen Sie Wert auf Kundenkontakt?
- Trauen Sie sich Führungsaufgaben zu?
- Wären Sie bereit und in der Lage, zahlreiche Geschäftsreisen zu machen?
- Können Sie sich vorstellen, für einen neuen Arbeitgeber den Wohnort zu wechseln?
- Was wollen Sie verdienen? Wären Sie bereit, für eine attraktive Aufgabe geringere Jahresbezüge in Kauf zu nehmen?
- Welchen Stellenwert haben Ihr Privatleben und Ihre Freizeit?

UNSER TIPP

Lassen Sie sich ausreichend Zeit für diese Überlegungen. Am besten nehmen Sie Papier und Stift und schreiben jeweils alles auf, was Ihnen zu den Fragen einfällt. Dann haben Sie am Schluss ein recht genaues Bild von Ihren Fähigkeiten und Wünschen und wissen, was Sie wollen und können.

Berufliche Möglichkeiten

Neben der Analyse der eigenen Ausgangsposition darf ein weiterer Aspekt nicht außer Acht gelassen werden, der für den Bewerbungserfolg wichtig ist. Ihre Bewerbung muss auch den „richtigen" Empfänger erreichen, um zum begehrten Arbeitsplatz zu führen. Wie lässt sich das erreichen? Bevor Sie sich auf ein Stellenangebot bewerben, studieren Sie die Anzeige eingehend. Vergleichen Sie die Anforderungen mit Ihren Qualifikationen und prüfen Sie kritisch Ihre Eignung. Bewerben sollten Sie sich nur, wenn Sie berechtigte Chancen haben, und nur, wenn Sie sich wirklich für die angebotene Position interessieren.

Ganz wichtig: Schreiben Sie immer eine individuelle Bewerbung für jedes Unternehmen, auch wenn Sie sich bei mehreren Firmen bewerben. Ihr Anschreiben sollte den Eindruck erwecken, dass Sie unbedingt zu dieser Firma wollen und nicht nur irgendeinen Arbeitsplatz suchen. Wie das klappt? Große Unternehmen machen es vor – wenn sie Schokoriegel, Waschmittel oder Sportartikel verkaufen. Sie versuchen zu ergründen, worin der Bedarf der Kunden besteht und bieten ihre Leistung aktiv und offensiv an. Davon können Bewerber lernen, indem sie den fachlichen und persönlichen Nutzen, den sie dem Unternehmen bieten können, durch ansprechende Unterlagen und ein motivierendes Anschreiben optimal anbieten.

Sie brauchen aber nicht zu warten, bis der gewünschte Arbeitsplatz im Stellenteil der Zeitung angeboten wird. Sie können und sollten auch selbst aktiv werden. Eine oft unterschätzte Chance ist die Initiativ- oder Blindbewerbung, also eine Bewerbung, die Sie unaufgefordert an einen Arbeitgeber Ihrer Wahl verschicken. Diese Form der Bewerbung ist durchaus üblich und sogar zu empfehlen: Viele Firmen erhalten inzwischen so viele Initiativbewerbungen, dass sie auf kostenintensive Stellenanzeigen verzichten und gerne auf unaufgefordert eingegangene Bewerbungen zurückgreifen. Anders ausgedrückt: Wenn Sie nicht Ihre Bewerbung unaufgefordert an diese Unternehmen schicken, verschenken Sie eine Chance. Sich blind zu bewerben hat außerdem den Vorteil, dass Sie nicht wie bei einer Stellenausschreibung mit einer großen Zahl von Mitbewerbern konkurrieren müssen.

Übrigens: Was für die Bewerbung auf eine Stellenausschreibung zutrifft, gilt für eine Initiativbewerbung im Besonderen. Blind bewerben heißt nicht „auf Verdacht" Firmen anschreiben. Suchen Sie gezielt ein Unternehmen aus, für das Sie tätig werden möchten und machen Sie das in Ihrem Anschreiben deutlich.

UNSER TIPP

Holen Sie vorab gezielt Informationen über das Unternehmen ein, indem Sie sich über das Internet oder telefonisch über den Arbeitgeber und die zu besetzende Stelle informieren oder – bei größeren Unternehmen – Imagebroschüren anfordern.

Kurzanleitung: die Basics

Um sich von der Konkurrenz abzuheben, sind Persönlichkeit, Kreativität und eigener Stil heute wichtiger denn je. Dennoch gibt es einige wichtige Basics, die man in puncto Bewerbung unbedingt beachten sollte.

Da der erste Eindruck, den Ihre Bewerbungsunterlagen machen, sehr wichtig ist, sollten Sie bei der Zusammenstellung besonders sorgfältig vorgehen. So müssen beispielsweise alle Informationen enthalten sein, die der zukünftige Arbeitgeber braucht, um Ihre Arbeitskraft einschätzen zu können. Schlechte Karten hat, wer Loseblattsammlungen abliefert oder einen Serienbrief als Anschreiben verschickt. Das zeigt: Der Bewerber hat sich nicht besonders viel Mühe gemacht.

INFO

Fünf formale Fehler, die Sie vermeiden sollten

1. Tippfehler und andere Schludrigkeiten: Das muss im Computerzeitalter wirklich nicht sein. Sorgen Sie für ein sauberes Schriftbild ohne Tippfehler oder Korrekturen.
2. Abgegriffene Unterlagen: Manchen Bewerbungen sieht man an, dass sie schon viel unterwegs waren. Am besten verschicken Sie jeden Ausdruck und jede Kopie nur einmal.
3. „Materialschlacht" mit Prospekthüllen: Stecken Sie Unterlagen nicht einzeln in Klarsichthüllen. Arbeitgeber schätzen das nicht, denn dann müssen sie die Unterlagen zum Kopieren umständlich auseinander nehmen.
4. Lose beigelegtes Foto: Kleben Sie das Foto unbedingt an, verwenden Sie keine Büroklammer. Denn wenn es herausfällt, weiß man oft nicht mehr, zu welcher Bewerbung es gehört.
5. „Kreativität" mit dem Computer: Verschiedene Farben oder allerlei Gestaltungselemente machen Ihre Unterlagen nicht automatisch attraktiver. Setzen Sie solche Gestaltungselemente gezielt und sparsam ein (siehe dazu Seite 44 ff.).

Qualifikationen auf den Punkt gebracht

Kernstücke jeder Bewerbung sind das Anschreiben und der Lebenslauf. Sie dienen dem Arbeitgeber dazu, sich einen ersten Eindruck über Ihre Eignung zu verschaffen und sind eine Art Visitenkarte, die Sie mit größter Sorgfalt zusammenstellen sollten.

Das Anschreiben

Das Anschreiben ist das wichtigste und zugleich persönlichste Dokument Ihrer Bewerbung. Es ist neben der Verpackung der einzige Bestandteil Ihrer Unterlagen, den Sie individuell gestalten können. Anders ausgedrückt: Mit einem gelungenen Anschreiben haben Sie die Chance, den Stellenanbieter so positiv auf sich einzustimmen, dass er sich auch für Ihre übrigen Unterlagen interessiert und Sie zu einem Vorstellungsgespräch einlädt. Formal gliedert sich das Anschreiben wie folgt:

1. Adresse und Telefonnummer des Absenders
2. Vollständige Anschrift des Empfängers, ggf. mit dem Namen des Ansprechpartners (ohne „zu Händen") oder der Angabe der Abteilung.
3. Ort und Datum (Ort, Datum – ohne „den")
4. Bezugszeile (ohne „Betreff"): nennt Datum und Veröffentlichungsort der Stellenausschreibung, z. B. „Ihre Stellenanzeige „Diplom-Ingenieur" in der RP vom 12. 7. 2001", oder bei einer unaufgeforderten Bewerbung die gewünschte Position, z. B. „Bewerbung als Controller".
5. Anrede: Die allgemeine Formulierung „Sehr geehrte Damen und Herren" ist Standard. Besser ist es, wenn Sie einen konkreten Ansprechpartner anschreiben, z. B. „Sehr geehrte Frau Schrader".
6. Brieftext mit Einleitung, Hauptteil und Schlusssatz: Dazu finden Sie ausführliche Anleitungen für Formulierungen ab Seite 34 ff.
7. Grußformel: Hier hat sich die Standardformulierung „Mit freundlichen Grüßen" eingebürgert. Weitere Vorschläge auf Seite 40.
8. Eigenhändige Unterschrift
9. Anlagenvermerk: Hier reicht der Hinweis „Anlagen".

Das Briefschema rechts zeigt, wie Sie die einzelnen Briefteile nach den Regeln für Maschinenschreiben (DIN 5008 Neu) richtig positionieren.

Der Brieftext sollte alle Informationen enthalten, die der Leser benötigt, um zu erkennen, dass Sie ein geeigneter Kandidat sind. Begründen Sie präzise, weshalb Sie glauben, der richtige Bewerber für die ausgeschriebene Position zu sein. Stellen Sie alle Qualifikationen heraus, die für die angestrebte Position wichtig sind. Wenn Sie ein persönliches Interesse für das Unternehmen durchklingen lassen – umso besser. Aber fassen Sie sich kurz: Was Sie zu sagen haben, sollte auf einer, höchstens eineinhalb Schreibmaschinenseiten Platz finden.

Der Lebenslauf

Der Lebenslauf gibt in tabellarischer Form einen chronologischen Überblick über den beruflichen Werdegang des Bewerbers. Er ist neben dem Anschreiben ein besonders aussagekräftiger Bestandteil Ihrer Bewerbung und dient dem Arbeitgeber maßgeblich zur Einschätzung Ihrer fachlichen Eignung. Bei der Länge gilt als Faustregel: nicht mehr als zwei Seiten.

Und das sollte drinstehen:

1. Persönliche Daten: Unbedingt in den Lebenslauf gehören Name, Geburtsdatum und Geburtsort. Weitere Angaben zur Person sind möglich, aber nicht unbedingt erforderlich. Es liegt in Ihrem Ermessen, ob Sie Ihren Familienstand und die Zahl der Kinder nennen möchten. Die Nennung der Staatsangehörigkeit ist nur dann sinnvoll, wenn es nicht die deutsche ist.
2. Schulische Ausbildung: Zu nennen sind Schultyp, Ort und Abschluss. Wenn Sie bereits Berufspraxis vorweisen können, sollten Sie nur kurz und Platz sparend darauf eingehen. Die Grundschule führen Sie dann am besten gar nicht mehr auf.
3. Berufsausbildung: Von Interesse für den Arbeitgeber sind Art der Ausbildung, Ausbildungsstätte, Ort, Abschluss bzw. Studienrichtung, Hochschule, Ort und Abschluss. Sie können auch die Examensnote oder das Thema der Abschlussarbeit anführen.

MUSTERSCHREIBEN NACH DIN 5008 NEU

Name des Absenders *(5. Zeile)* Datum (Beginn: Grad 50)
Straße
PLZ Absendeort
Telefon

Verwendungsart *(13. Zeile)*

Name des Empfängers *(15. Zeile)*
Abteilung
Straße

PLZ Bestimmungsort

Betreffzeile *(24. Zeile)*

Anrede *(27. Zeile)*

Brieftext *(29. Zeile)*
Brieftext
Brieftext
Brieftext

(1 Leerzeile zwischen Absätzen)

Brieftext
Brieftext
Brieftext
Brieftext
Brieftext

Einrückung (Beginn: Grad 20)

Brieftext
Brieftext
Brieftext
Brieftext

Gruß

(Unterschrift per Hand)

Name des Unterzeichneten

Anlagenvermerk *(hier oder auf Grad 50 neben dem Gruß)*

4. Berufspraxis: Hier führen Sie chronologisch geordnet Ihre beruflichen Stationen auf. Neben den Grunddaten(Berufsbezeichnung/Funktion, Arbeitgeber, Ort) können Sie in der gebotenen Knappheit weitere Informationen ergänzen, um Ihre berufliche Qualifikation zu verdeutlichen, z. B. Beförderungen, fachliche Schwerpunkte oder Hauptaufgabengebiete.
5. Besondere Kenntnisse: Hier können Sie solche Kenntnisse aufführen, die über die beruflichen Erfahrungen hinaus für den Arbeitgeber von Interesse sind, z. B. Fortbildungsmaßnahmen (evtl. als eigener Unterpunkt), Sprachkenntnisse, Führerschein, EDV-Kenntnisse.
6. Hobbys: Ihre Hobbys sind eindeutig Ihre Privatsache und Sie sollten nur dann Angaben machen, wenn sie für die angestrebte Position von Bedeutung sind.

Für die äußere Form des Lebenslaufes gibt es – anders als für das Anschreiben – keine Norm. Sie können sich für den Aufbau an dem Musterlebenslauf auf Seite 21 orientieren.

Übrigens: Entgegen landläufigen Vorstellungen kann man einen Lebenslauf – genau wie das Anschreiben – in der Regel nur ein einziges Mal verwenden. Denn wenn er wirklich überzeugend sein soll, muss er jeweils passend zum anvisierten Arbeitgeber zusammengestellt werden. Wie es gelingen kann, sich per Lebenslauf ins rechte Licht zu rücken, lesen Sie ausführlich ab Seite 77.

Was sonst noch in die Bewerbungsmappe gehört

Sie haben das Anschreiben und den Lebenslauf aufgesetzt. Jetzt geht es darum, die übrigen notwendigen Unterlagen zusammenzustellen. Auch hier ist einwandfreie und gute Qualität der Unterlagen (z. B ohne Knicke und Flecke) oberstes Gebot.

MUSTERLEBENSLAUF

Name, Vorname
Straße
PLZ, Wohnort

Foto

Persönliches

Geburtsdatum, -ort
Familienstand

Schul- und Berufsausbildung

Datum von/bis	Schule, Ort, Abschluss Studienfach, Universität, Ort, Abschluss ggf. Examensnote, Thema der Abschlussarbeit

Beruflicher Werdegang

Datum von/bis	Funktion, Arbeitgeber, Ort ggf. fachliche Schwerpunkte, Aufgabengebiete o. Ä.

Berufliche Weiterbildung

Datum von/bis	Seminarthema, Veranstalter

Besondere Kenntnisse

z. B. EDV-Kenntnisse	EDV-Programme und -Sprachen
Sprachkenntnisse	Sprachen, Kenntnisstand (z. B. Grundkenntnisse)
Führerschein	Klassen

Ort, Datum, Unterschrift

Das Foto

Das Foto wird meist zuerst betrachtet und hat eine wichtige Funktion als „Sympathie-Weichensteller". Daher sollten Sie auf Aktualität und Professionalität großen Wert legen. Automatenbilder, Schnappschüsse und Urlaubsfotos vom letzten Jahr sind tabu. Das Foto sollte nicht älter als ein halbes Jahr sein. Lassen Sie es auf jeden Fall bei einem Fotografen machen. Die meisten Bewerber kleben das Foto oben rechts auf den Lebenslauf. Wenn Sie mit Ihrem Foto besondere Wirkung erzielen möchten, lesen Sie weiter ab Seite 26.

Zeugnisse und Anlagen

Alle im Lebenslauf genannten beruflichen Stationen sollten mit einem Zeugnis belegt werden. Fehlt ein Nachweis, wird Ihnen das der Empfänger entweder als Vergesslichkeit oder versuchte Täuschung auslegen. In jedem Fall handeln Sie sich Minuspunkte ein. Weitere Nachweise, etwa über Fortbildungsmaßnahmen, sollten Sie nur beilegen, wenn Sie Ihre Eignung für den Job unterstreichen können. Das Schulabschlusszeugnis ist nach ca. zehnjähriger Berufserfahrung nicht mehr von Bedeutung und braucht nicht beigelegt zu werden. Je nach Job können Sie noch Arbeitsproben (nicht mehr als drei) wie Grafiken, Fotos oder Textbeispiele beilegen.

Bewerbungsmappe

Ihre Bewerbungsmappe muss kein Designerstück sein, aber gute und stabile Qualität sollte sie schon haben. Ansprechende und individuelle Alternativen für die handelsüblichen Mappen können Sie mit einfachen Mitteln selbst herstellen (siehe Seite 25). Alle Unterlagen werden in der folgenden Reihenfolge zusammengeheftet: Obenauf gehört der Lebenslauf mit Foto. Dahinter kommen die Arbeitszeugnisse in umgekehrt chronologischer Reihenfolge, das aktuellste Zeugnis zuerst, Fortbildungs- und Ausbildungsnachweise, zuletzt ggf. die Arbeitsproben. Das Anschreiben wird nicht abgeheftet, sondern lose beigelegt. Es bleibt in jedem Fall beim Empfänger.

Die Verpackung

Das äußere „Drumherum" der Bewerbung ist wichtiger, als viele glauben, vielleicht vergleichbar mit einem Verkaufsprospekt, der Lust auf's Ansehen, Lesen und Durchblättern machen soll. Das Auge isst schließlich mit!

Bewährt hat sich die Bewerbungsmappe, in der Sie Ihre Unterlagen zur Geltung bringen können. Diesen Rahmen sollten Sie beibehalten. Kein Personalchef wird begeistert sein, wenn er Ihre Bewerbung erst mühsam auspacken und entfalten muss, wenn er Ihr Anschreiben aus Puzzleteilen zusammensetzen soll oder ihm aus dem Umschlag buntes Konfetti entgegenfällt. Die Verpackung sollte also zweckmäßig sein. Beispiel: Eine ansprechende Mappe mit hellgrauem Papier zwischen anthrazitfarbenen Pappendeckeln dürfte selbst auf den Personalverantwortlichen eines seriösen Großunternehmens Eindruck machen. Es gibt aber noch viele weitere Möglichkeiten, eine Bewerbung korrekt und dennoch optisch interessant zu präsentieren. Spielen Sie mit Form, Farbe und Material; vieles lässt sich mit wenig Zeit- und Kostenaufwand realisieren.

Rund ums Papier

Die meisten Bewerbungen werden auf weißem unliniertem Papier versandt. Selbst wenn Sie sich eher für die konventionelle Form der Bewerbung entscheiden, haben Sie mit Ihrer Papierwahl hier schon gute Chancen, sich ohne großen Aufwand aus der Masse der Bewerbungen abzuheben. Im Handel gibt es verschiedenfarbige Papiere aller Art. Das kann je nachdem seriös (grau marmoriert), verspielt (hellgrün) oder poppig (knallgelb) wirken. Für welche Farbe Sie sich entscheiden, hängt von

Ihrem persönlichen Geschmack und von dem anvisierten Adressaten ab. Wenn Sie sich beispielsweise als Führungskraft bei einer Großbank empfehlen wollen, wird Umweltschutzpapier wahrscheinlich weniger gut ankommen. Für eine Bewerbung als Umweltschutztechniker oder Redakteur einer Ökozeitschrift ist recyceltes Papier dagegen geradezu ein Muss. Achten Sie darauf, dass die Schrift gut lesbar bleibt. Damit Ihre Unterlagen einheitlich wirken, sollten Sie unbedingt auch Ihre Zeugniskopien auf demselben Papier kopieren. Und natürlich sollten Sie Papier und Mappe farblich aufeinander abstimmen. Abzuraten ist übrigens von allzu aufwendigen schweren Papieren oder offensichtlich teuren Papieren mit Wasserzeichen, da sie schnell protzig wirken. Weitere Ideen:

- Ein guter Tipp, wenn Sie Ihre Unterlagen besonders übersichtlich präsentieren möchten: Kopieren Sie Ihre Zeugnisse verkleinert (circa 80 Prozent). Auf diese Weise bleibt auf den Unterlagen oben ein weißer Rand frei, den Sie zum Beschriften nutzen können, beispielsweise „Abiturzeugnis", „Praktikumsbescheinigung der Audi AG" etc.
- Transparentes Papier, im Fachhandel als „hochtransparentes Zeichenpapier" erhältlich, lässt sich verblüffend effektvoll einsetzen. Sie können es mit einem Laserdrucker bedrucken und für das Anschreiben Ihrer Bewerbung verwenden. Legen Sie in diesem Fall ein unbeschriebenes Papier dahinter, um die Lesbarkeit zu gewährleisten.
- Oder wie wäre es mit einem Anschreiben auf durchsichtiger Folie? Einfach das Anschreiben im Copyshop auf Folie umkopieren.
- Eine interessante Wirkung lässt sich auch mit Farbkopierern erzielen, die in guten Copyshops zur Verfügung stehen. Warum also Ihre Zeugnisse nicht einmal in Grün, Rot oder Blau kopieren?
- Legen Sie Ihrem Anschreiben eine Kopie zugrunde. Der Fantasie sind hier kaum Grenzen gesetzt, jedoch sollte das kopierte Motiv zum Unternehmen passen. Beispiele: Holzstruktur, wenn Sie sich im Holzbereich bewerben, eine Werbeanzeige der Autofirma, für die Sie tätig werden wollen, eine Landkarte für eine Bewerbung im Touristikbereich. Für diesen Vorschlag benötigen Sie einen besonders guten Kopierer, der

über die Einstellungen größer/kleiner, hell/dunkel verfügt. Im Vorteil sind Computerprofis: Sie können das Motiv einscannen und entsprechend „soften".

Alternativen zum Plastikschnellhefter

Nehmen Sie Abschied von dem langweiligen Einheitsschnellhefter und gestalten Sie eine individuelle Bewerbungsmappe. Eine ansprechende Alternative lässt sich mit zwei Pappkartons herstellen, die Sie mit einer Klemmschiene zusammenfügen. Wenn Sie für das Deckblatt einen dünneren Karton verwenden, können Sie ihn zusätzlich im Drucker mit Ihrem Namen beschriften. Wie bei der Papierwahl ist auch hier die Wahl der Farbe ein entscheidender Faktor für die Wirkung Ihrer Bewerbungsmappe. Von edel bis schrill sind alle Nuancen möglich. Entscheiden Sie sich für eine Farbe, die harmonisch zu dem von Ihnen gewählten Papier passt.

Wenn Sie Durchsicht wünschen, weil Sie vielleicht dem Leser den Blick auf ein kreativ gestaltetes Deckblatt gewahren wollen, können Sie Ihre Unterlagen auch zwischen zwei klaren Plastikfolien mit einer Klemmschiene zusammenheften. Hier sind weitere gute Möglichkeiten, einmal etwas ganz anderes zu machen:

- Gestalten Sie den Deckkarton gleich als Blickfang. Schneiden Sie mit einem Papierschneidemesser (Cutter) vorsichtig ein Sichtfenster heraus, das den Blick auf Ihren Namen, Anschrift und Qualifikation auf dem dahinter liegenden Blatt sichtbar werden lässt.
- Lassen Sie Ihre Bewerbung mit einer Klebe- oder Spiralbindung binden. Diese zugegeben aufwendige und kostspieligere Idee kommt im Verlags- oder Werbebereich gut an und eignet sich auch gut, wenn Sie Ihren Unterlagen mehrere Arbeitsproben beilegen wollen, beispielsweise als Fotograf, Grafiker, Architekt oder Journalist. Dann vielleicht mit Inhaltsverzeichnis?

- Wenn Sie handwerklich begabt sind und sich in einer kreativen Branche bewerben, lassen sich natürlich noch unendlich viele weitere Möglichkeiten denken. Spielen Sie mit verschiedenen Materialien: Auch mit Wellpappe (im Handel in unterschiedlichen Farben erhältlich), Stoff, Leder, Japanpapier, Geschenkpapier etc. lassen sich kreative Einbände gestalten.

Im Einzelfall können sich Gestaltungen anbieten, die sich von der Mappenform entfernen, beispielsweise wenn die äußere Form der Bewerbung auf das Produkt des Unternehmens Bezug nimmt. Ein Beispiel: An eine Zigarettenfirma verschickte ein Marketingabsolvent seine Bewerbung in einer großen Rolle, die wie eine Zigarette gestaltet war.

UNSER TIPP

Verschicken Sie Ihre Bewerbungsmappe in einem ausreichend großen pappverstärkten Umschlag, damit der gute „knitterfreie" Eindruck erhalten bleibt.

Setzen Sie sich ins Bild

Zu einem positiven Gesamteindruck Ihrer Bewerbungsunterlagen gehört ein gutes Foto (siehe auch Seite 22). Das Foto sollte also einen möglichst günstigen und natürlichen Eindruck von Ihnen vermitteln, es muss darüber hinaus aktuell und technisch einwandfrei sein. Gegen das übliche Passfoto oben rechts auf dem Lebenslauf ist nichts einzuwenden. Mehr Aufmerksamkeit erzielen Sie aber mit kreativen Varianten dieses Standards, indem Sie beispielsweise

- ein abweichendes Format wählen,
- das Foto besonders platzieren,
- mehrere Fotos einsenden,
- das Foto einscannen.

Alle Abweichungen sind erlaubt, wenn Ihr Gesicht groß genug und deutlich erkennbar ist. Von Ganzkörperfotos ist daher in der Regel abzuraten. Allerdings muss es auch nicht das typische Pass-Brustbild im Halbprofil sein. Ein Schwarz-Weiß-Porträt im 9 x 13-Querformat wirkt schon erfrischend anders. Auch die Arme dürfen ruhig im Bild zu sehen sein. Warum nicht einmal ein Foto auswählen, das mit dem gewünschten Beruf zu tun hat, beispielsweise den Manager am Schreibtisch, den Informatiker am Computer, den Toningenieur mit der Gitarre in der Hand? Selbst ein Schnappschuss kann unter diesem Aspekt im Ausnahmefall geeignet sein, wenn Sie auf dem Foto besonders gut getroffen sind.

Wenn Sie mehrere Fotos einsenden wollen, sollten diese aufeinander abgestimmt sein. Denkbar ist beispielsweise ein bebilderter Lebenslauf. Einen besonders interessanten Effekt können Sie mit einer Fotoserie, also einer Fortsetzung des Einzelbildes, erzielen. Für den Betrachter ist die Serie besonders aufschlussreich, weil auch Mimik erkennbar wird. Technischer Hinweis: Die Fotos sollten von einem gleich bleibenden Standort mit gleich bleibender Belichtung aufgenommen sein. Besonders ungewöhnlich wirkt eine Schwarz-Weiß-Fotoserie, wenn sie zusammenhängend als Kontaktstreifen entwickelt worden ist, sodass der Filmrand sichtbar bleibt. Computerprofis können diesen Effekt am Mac mit eingescannten Fotos nachbilden. Und noch ein Tipp für Bewerber in besonders kreativen Branchen: Auch mit einer Sofortbild-Kamera lassen sich interessante Bildserien herstellen.

Ein besonderes Fotos sollten Sie auch entsprechend platzieren. Sie können es dezent auf ein Extrablatt (bei mehreren Fotos einen dünnen Karton nehmen) kleben und hinter dem Anschreiben einheften. Mehr Aufmerksamkeit gewinnen Sie, wenn Sie das Foto für Ihre Deckblattgestaltung nutzen.

Blickfang Deckblatt

Ein Deckblatt ist für die Vollständigkeit Ihrer Unterlagen keineswegs vorgeschrieben, jedoch setzt es sich in der Bewerbungspraxis zunehmend durch und schafft viel Spielraum für eine kreative Gestaltung. Ähnlich wie der Titel eines Buches oder eines Verkaufsprospektes übernimmt das Deckblatt die Funktion, den Leser auf den Inhalt einzustimmen und zum Weiterblättern zu animieren. Es gibt mehrere Möglichkeiten, ein solches Deckblatt zu beschriften. Sie können mit sinnvollen Angaben einen informativen Einstieg in Ihre Bewerbung bieten, indem Sie Name, Anschrift und die Berufsbezeichnung bzw. die Position, auf die Sie sich bewerben, darauf platzieren. Ergänzend können Sie noch Ihr Bewerbungsfoto hinzufügen. Bei umfangreicheren Unterlagen bietet sich auch ein Inhaltsverzeichnis an, das dem Leser einen schnellen Überblick verschafft. Alternative: Sie verzichten ganz konsequent auf diese eher „trockenen" Informationen und nutzen das Deckblatt einzig und allein dazu, den Leser neugierig zu machen. Dazu eignen sich ein Satz oder ein Zitat, aus dem Ihre persönliche berufliche Motivation hervorgeht, eine kurze Zusammenstellung wichtiger Schwerpunkte oder berufliche Highlights, die Sie hervorheben möchten, oder ein witziger Spruch, der zu Ihrer Bewerbung passt.

Die Anordnung auf der Deckseite bleibt Ihrem individuellen Geschmack überlassen. Wenn Sie nicht gerade Grafiker sind, werden Sie aber feststellen, dass es gar nicht so einfach ist, mit wenigen Elementen eine ansprechende Wirkung zu erzielen. Die wenigen Informationen wirken schnell verloren auf dem wenig beschriebenen Blatt. Beachten Sie deshalb die folgenden formalen Basics:

- Gliedern Sie die Informationen in klare, inhaltlich zusammengehörige „Päckchen", die Sie anordnen wollen, also z. B. Ihre Adresse und den Satz „Bewerbung als …". Achten Sie auf angemessene Randabstände, etwa jeweils 3 bis 5 cm.
- Auch wenn die vielen Schriftarten, Schriftgrößen, die der Computer bietet, zu bunter Vielfalt animieren: Hier ist weniger mehr. Entschei-

den Sie sich zunächst für eine Schrift und eine Schriftgröße. Das Wichtigste, z. B. „Bewerbung als …“, können Sie dann in einer anderen Schriftgröße (evtl. gekoppelt mit einer anderen Schrift oder Farbe) hervorheben.

- Natürlich könnten Sie die Informationen frei in der Fläche komponieren, doch das wirkt schnell unbeholfen. Versuchen Sie deshalb, einen Bezug zwischen den einzelnen Elementen herzustellen, indem Sie beispielsweise alles auf der Mittelachse platzieren oder alles links- bzw. rechtsbündig im gleichen Randabstand auf der Seite anordnen. Horizontale oder vertikale Linien verbessern die Wirkung.

UNSER TIPP

Das Deckblatt ist ein Bestandteil der Bewerbung und sollte von der Gestaltung (z. B. Schrift und Schriftgröße, Papierfarbe) zu den übrigen Unterlagen passen.

Bilder, Zeichnungen, Karikaturen

Bilder – ausgenommen das Bewerbungsfoto – sind bei Bewerbungen eher ungewöhnlich. Andererseits erzeugen sie besondere Aufmerksamkeit, weil sie gerade bei Bewerbungen eben nicht erwartet werden. Wenn Sie ein Bild oder eine Zeichnung verwenden, inhaltlich zu Ihrer Bewerbung passend, kann das im Einzelfall eine gute Möglichkeit sein, Ihre Unterlagen optisch aufzupeppen.

Bei der Auswahl von Bildern gibt es zwei grundsätzliche Richtungen: Sie können entweder informativ oder emotional wirken. Im ersten Fall können Sie versuchen, mit einem Bild zusätzliche Argumente zu liefern: Als Architekt wählen Sie vielleicht eine Entwurfszeichnung für Ihr Deckblatt, als Schreiner können Sie mit einem Foto eines von Ihnen gefertigten Möbelstückes für sich werben. Im zweiten Fall wollen Sie emotionale Reaktionen auslösen, der Leser soll schmunzeln, sich wundern oder freuen. Das gelang beispielsweise dem Bewerber eines Markenartikelherstellers, der das Firmenlogo in sein Anschreiben einkopierte und verschiedene Marken des Unternehmens für die Gestaltung des Briefes nutzte.

Als echte „Hingucker" erweisen sich in der Regel Karikaturen oder Comics, denn sie versprechen Unterhaltung. Wenn Sie keine passende Zeichnung finden und selbst nicht gut genug zeichnen können, versuchen Sie folgenden Trick: Übernehmen Sie einen fertigen Comic und tauschen Sie die Sprechblasen Ihren Bedürfnissen entsprechend aus.

Bei der Wahl eines Bildes sollte man seine eigenen Ansprüche im Kopf haben. Behalten Sie dabei immer den Empfänger im Auge und überlegen Sie, womit er das Bild oder die Figur in Verbindung bringen könnte. Wenn Sie sich auf eine leitende Position in einem Industrieunternehmen bewerben, passen Comicfiguren kaum zu dem von Ihnen gewünschten Image. Hier könnte eine technische Konstruktionszeichnung auf dem Deckblatt für eine sehr individuelle Aussage sorgen.

BEISPIEL 1: ANSCHREIBEN

Gernot Breitner
Liebermannstr. 35
96047 Bamberg
Tel. 09 51/47 66 40

21. Juli 2002

BVK Reise- und Verkehrsverlag
Personalabteilung
Rathausstr. 40

52072 Aachen

Bewerbung für eine Anstellung im Bereich Marketing/Werbung/Verkaufsförderung

Sehr geehrte Damen und Herren,

hiermit möchte ich mich bei Ihnen um eine Anstellung im Bereich Marketing/Werbung/Verkaufsförderung bewerben.

Schon immer interessiere ich mich besonders für Geografie und Touristik, was sich auch wie ein „roter Faden" durch meine bisherigen Tätigkeiten zieht – Leistungskurs Erdkunde, Geografiestudium, 13-monatiges Praktikum bei einem Reiseveranstalter, ständiges Reisefieber ...

Seit Dezember 1999 habe ich mein BWL-Studium mit dem Schwerpunkt Marketing an der Universität Bamberg als Dipl.-Kaufmann abgeschlossen und absolviere zurzeit (bis 31. Juli) ein freiwilliges Praktikum bei der Schubert & Frantzen GmbH im Bereich Werbung/Verkaufsförderung/Messe.

Berufliche Erfahrungen konnte ich ferner während meiner etwa $1^1/_2$-jährigen Tätigkeit als Handelsvertreter bei der Trippe AG sammeln. Sowohl bei dieser Beschäftigung als auch während meines 13-monatigen Praktikums bei Hafermann Reisen in Stuttgart habe ich selbstständiges, verantwortungsbewusstes Handeln gelernt. Als weitere Stärken möchte ich noch meine hohe Flexibilität (zeitlich, räumlich und auch geistig) sowie großen Spaß und Zuverlässigkeit bei der Organisation von Projekten und Aktionen erwähnen.

Doch genug der Floskeln!
Ich würde mich freuen, wenn Sie mich telefonisch oder schriftlich zu einem Vorstellungsgespräch einladen würden und ich Sie persönlich von meiner Eignung überzeugen könnte.

Mit freundlichen Grüßen

Anlagen

Gernot Breitner

BEISPIEL 3: DECKBLATT

Bewerbung
als Exportsachbearbeiter

Jakob Maurer
Kleinmeierstr. 5
44359 Dortmund
Tel.: 0231/4 4384 42
E-Mail: j.mauer@t-online.de

BEISPIEL 4: DECKBLATT

**»Ich bin Vertriebsmensch. Mit Energie und Leidenschaft.
Und ich habe Lust, Produkte zu verkaufen, die begeistern.
Mich. Und meine Kunden.«**

Neugierig geworden?
Dann lesen Sie doch einfach meine Bewerbung.

Markus Heinz, Herpersbusch 14, 59821 Arnsberg

Das Anschreiben

Mit dem Anschreiben stellen Sie den ersten Kontakt zum Arbeitgeber her. Ihre Chance besteht darin, den Brieftext so zu gestalten, dass er Sympathie erzeugt und das Interesse auslöst, Sie persönlich kennen zu lernen. Wenn Sie einen Personalchef darüber hinaus zum Staunen oder Schmunzeln bringen, haben Sie ihn schon für sich gewonnen.

Versetzen Sie sich einmal in die Lage des Personalchefs, der Berge von Bewerbungen durchsehen und immer wieder die gleichen todlangweiligen Standardsätze lesen muss. Lesen ist für ihn Arbeit. Sie können sie ihm erleichtern, indem Sie ihm kurz und ohne überflüssiges Geschwafel schreiben, was Sie als Arbeitskraft auszeichnet. Nun lässt sich so ein Anspruch leicht formulieren, doch wie kann man ihn in die Praxis übertragen? Was können Sie tun, um ein ansprechendes und stilistisch gutes Anschreiben zu verfassen, das zudem noch Interesse weckt?

Der Beginn der Antwort klingt banal, ist es aber nicht: Schon Schopenhauer formulierte als „Erste Regel des guten Stils“: „Dass man etwas zu sagen habe: O, damit kommt man weit!“ Durchdenken Sie das, was Sie schreiben, so weit, dass Sie eigene klare Worte finden können. Sie werden feststellen: Einen guten Text zu entwerfen ist kein literarisches Kunststück, sondern eine Aufgabe, die sich mit Konzentration und den Mitteln der Umgangssprache lösen lässt.

Wenn Sie wissen, was Sie schreiben möchten, haben Sie bereits die erste Hürde genommen. Jetzt geht es darum, Ihre Argumente ansprechend in Worte zu kleiden. Merke: Je kürzer und präziser das Anschreiben, desto größer die Wirkung. Viele glauben, eine komplizierte aufgeplusterte Ausdrucksweise könnte Eindruck schinden. Das Gegenteil ist der Fall. Die Personalchefs sind erfreut und dankbar, wenn Sie ihnen ein leicht lesbares und übersichtliches Anschreiben schicken, dem man ohne großen Zeitaufwand die wichtigsten Daten entnehmen kann.

Wählen Sie einen Briefstil, der zu der Firma passt, in der Sie anfangen möchten. Ein Blick auf die Stellenanzeige oder die Internetseite zeigt meist schon, ob sich das Unternehmen innovativ gibt oder ob dort eher ein konservativer Wind weht.

Wichtige Kriterien für ein solches empfängerorientiertes Anschreiben sind:

- einleuchtende Botschaft
- prägnanter Stil
- klare Gliederung
- optische Gestaltung

Auf den folgenden Seiten finden Sie Beispiele und handfeste Tipps zu allen vier Aspekten. Vergessen Sie dabei nicht: Entscheidend ist immer der konkrete Empfänger. So kann es im Einzelfall auch sinnvoll sein, von diesen Empfehlungen abzuweichen.

Botschaft entwickeln

Nach einer hoffentlich sorgfältigen Betrachtung Ihrer beruflichen und persönlichen Voraussetzungen kennen Sie Ihre Ausgangsposition und können bewusst ausgewählte Informationen zu Ihrem beruflichen und persönlichen Werdegang darstellen. Die Informationen sollen zeigen, dass Sie für die anstehenden Aufgaben besonders gut geeignet sind.

Die folgenden Fragen können Ihnen helfen, Ihre wichtigsten Argumente auf den Punkt zu bringen:

- Weshalb bewerbe ich mich auf diese Stelle?
- Weshalb möchte ich in diesem Unternehmen arbeiten?
- Welche beruflichen Fähigkeiten und Kenntnisse habe ich, die zeigen, dass ich für diesen Job geeignet bin?

- Weshalb bewerbe ich mich, obwohl ich nicht alle erforderlichen Qualifikationen mitbringe?
- Gibt es besondere Stärken, fachliche Schwerpunkte, besonders passende Weiterbildungen, die mein zukünftiger Arbeitgeber als Pluspunkt bewerten wird?
- Weshalb sollte er deutlich erkennbare Schwachstellen (z. B. Arbeitslosigkeit) nicht negativ bewerten?

Langweilen Sie den Leser nicht mit einer Nacherzählung Ihres Lebenslaufes. Greifen Sie immer nur diejenigen Punkte heraus, die dem Unternehmen wichtig sind. Wenn Sie auf eine Stellenanzeige antworten, haben Sie schon ziemlich genaue Informationen, welche Qualifikationen und Talente das Unternehmen von Ihnen als neuem Mitarbeiter erwartet, und können Ihren Brief darauf abstimmen. Hält das Unternehmen beispielsweise Erfahrung in Außendienst für erforderlich, sollten Sie darauf gezielt eingehen. Wird Organisationstalent gewünscht, empfiehlt es sich, diese Fähigkeit möglichst mit einem konkreten Beispiel nachzuweisen (siehe Info-Kasten).

Am besten bereiten Sie zunächst Ihre Argumente stichpunktartig vor und versuchen sie in Worte zu fassen. Anschließend können Sie darangehen, Ihr Schreiben zu strukturieren.

INFO

Teamfähigkeit & Co. auf den Punkt gebracht

„Ich arbeite gerne im Team und verfüge über Organisationstalent." Vielleicht können Sie sich die Reaktion des Arbeitgebers auf so einen Satz im Anschreiben vorstellen: „Das kann ja jeder behaupten." Beschreiben Sie deshalb besser gezielt berufliche Situationen, in denen Sie diese Eigenschaften unter Beweis gestellt haben. Der Beispielsatz könnte z. B. besser lauten: „Durch meine Tätigkeit in der Firma XY bin ich das Arbeiten in Projektteams gewöhnt. Mein Organisationstalent habe ich besonders bei der eigenverantwortlichen Planung und Durchführung verschiedener Kulturveranstaltungen unter Beweis gestellt, darunter die überregional bekannten Jazztage."

Einleitung und Schluss

Die gelungenen ersten Zeilen Ihres Briefes tragen viel dazu bei, ob Sie die Aufmerksamkeit des Lesers wecken. Der Briefschluss wirkt am stärksten nach. Einleitung und Schluss sind es deshalb wert, dass man ihnen besondere Aufmerksamkeit widmet. Sie bilden den Rahmen, der den eigentlichen Text umschließt.

Persönlich ansprechen

Die Anrede „Sehr geehrte Damen und Herren" ist eine häufig genutzte Floskel, bei der sich keiner mehr etwas denkt. Nachteil: Es fühlt sich auch niemand angesprochen. Viel besser kommt Ihr Brief an, wenn Sie ihn an die Person richten, die für Ihre Einstellung zuständig ist. Denn der eigene Name weckt nachweislich am schnellsten die Aufmerksamkeit des Lesers und wird besonders positiv registriert.

UNSER TIPP

Falls Sie den Ansprechpartner in der Firma nicht wissen: Fragen Sie nach, an wen Sie Ihren Brief richten können. Dazu genügt ein Anruf, den Sie außerdem dazu nutzen können, Fragen zu stellen oder um Informationsmaterial zu bitten. Dann haben Sie auch gleich einen Aufhänger für Ihr Anschreiben.

Allzu laxe Ansprachen à la „Lieber Personalchef", oder „Hallo, ihr in der Personalabteilung", sind nicht zu empfehlen, selbst wenn Sie an ein Startup-Unternehmen schreiben. Das Gegenüber möchte sich schließlich ernst genommen fühlen. Bei konservativen Unternehmen ist sowieso eher Zurückhaltung angebracht. Wenn es nicht das steife „Sehr geehrte/r …" sein soll: Anreden wie „Guten Tag, Frau Fischer", oder „Grüß Gott, Herr Seifert", wirken freundlich und dennoch korrekt. Ein „Hallo …" eignet sich nur, wenn die Stellenanzeige sehr locker abgefasst ist.

Aufmerksamkeit können Sie erzielen, wenn Sie die Betreffzeile und die Anrede in den ersten Satz einbinden. Ein Beispiel: Ihr Stellenangebot in der Rheinischen Post vom 5. 4. 2001 (Betreffzeile), sehr geehrter Herr Willbach (Anrede), hat mich besonders angesprochen. ... (erste Zeile). Damit haben Sie auch gleichzeitig den Einleitungssatz des Anschreibens gemeistert.

Briefstart mit Pfiff

Wählen Sie einen Briefeinstieg, der individuell und persönlich klingt, und starten Sie bitte nicht mit umständlichen Formulierungen, in denen Sie erklären, dass Sie sich auf die Stellenanzeige in der Zeitung xy bewerben – das können Sie schon in der Betreffzeile unterbringen und da sind diese 08/15-Infos auch gut aufgehoben. In Ihrem Anschreiben haben Sie Wichtigeres zu sagen. Fallen Sie ruhig mit der Tür ins Haus und formulieren Sie Ihr Anliegen natürlich und direkt, z. B. „Ihr Stellenangebot entspricht meinen Vorstellungen." Das klingt angenehm und ungezwungen und erspart langes Grübeln über einleitende Formulierungen, die nur unnötig Platz kosten und keine wirklichen Informationen vermitteln. Auch ein freundliches Danke kann sich als positiver Anfang anbieten: „Für das freundliche und informative Telefongespräch bedanke ich mich." Oder: „Das zugesandte Informationsmaterial war sehr nützlich, vielen Dank." Eine weitere Alternative für den Briefstart: Beginnen Sie mit einer Frage, die den Leser gleich in Ihren Text hineinzieht, z. B. „Darf ich mich Ihnen vorstellen?" Wenn Sie sich unsicher sind, welcher Ton angemessen ist, wählen Sie eine eher einfache Einstiegsformulierung. Mit Einleitungssätzen wie den folgenden liegen Sie immer richtig:

- Ich möchte mich Ihnen vorstellen.
- Ihr Stellenangebot interessiert mich, weil ...
- Als ... mit ... Jahren Berufserfahrung könnte ich der/die richtige Mitarbeiter/-in für Sie sein.
- An der Position als ... habe ich großes Interesse.
- Für die ausgeschriebene Stelle als ... bringe ich gute Vorkenntnisse mit.

Ende gut ...

Der Briefschluss ist der Ort, um letzte Informationen unterzubringen: Wann können Sie anfangen? Wie sind Ihre Gehaltsvorstellungen? Wenn vom Arbeitgeber gewünscht, können Sie hier kurz Auskunft geben. Wenn alles gesagt ist, beenden Sie den Brief mit einem freundlichen Schlusssatz, damit der Empfänger Sie in guter Erinnerung behält. „Über eine Einladung zu einem Vorstellungsgespräch freue ich mich", ist eine übliche Formulierung. Oder: „Für ein persönliches Gespräch stehe ich Ihnen gerne zur Verfügung." Mehr Aufmerksamkeit erreichen Sie, wenn Sie den Brief nicht mit einem dieser Standardsätze beenden, sondern eine individuellere Formulierung suchen. Was halten Sie beispielsweise von den folgenden Schlusssätzen:

- Es würde mich freuen, wenn Ihnen meine Bewerbung zusagt.
- Ich danke Ihnen für Ihre Aufmerksamkeit.
- Über eine positive Nachricht würde ich mich freuen.
- Falls noch Fragen offen sind, rufen Sie mich gerne an.
- Eine Zusammenarbeit könnte für Sie und mich von Vorteil sein. Ich freue mich, wenn Sie diese Ansicht teilen.
- Eine Tätigkeit in Ihrem Unternehmen ist für mich eine Herausforderung, die ich gerne annehmen möchte.
- Lassen Sie bald von sich hören. Ihre Antwort interessiert mich.
- Ich habe großes Interesse an einer Zusammenarbeit.
- Meines Erachtens könnte ich die Position als ... sehr gut ausfüllen. Ich freue mich, wenn Sie diese Einschätzung teilen.

Beeindrucken können Sie am Briefschluss auch mit einer Frage, die der Leser an dieser Stelle nicht erwartet. Ist sie dann noch motivierend formuliert, hat eine Frage eine starke Wirkung. Zum Beispiel:

- Mit dieser Bewerbung möchte ich eine positive Grundlage für Ihre Entscheidung schaffen. Ist mir das gelungen?
- Wie stehen Sie zu meiner Bewerbung? Ich warte mit Spannung auf Ihre Antwort.

- Möchten Sie noch mehr über mich wissen? Ich stehe Ihnen gerne telefonisch oder in einem persönlichen Gespräch Rede und Antwort.
- Darf ich mit einer positiven Antwort rechnen?

Höflich verabschieden

Ähnlich stereotyp wie die Anrede lautet die Grußformel am Schluss des Briefes in der Regel „Mit freundlichen Grüßen“. In zeitgemäßen Anschreiben sind jedoch vielfältige Variationen denkbar, die Sie Ihrem Brief individuell anpassen können. Einige Beispiele:

- Freundliche Grüße
- Beste Grüße nach Frankfurt
- Freundliche Grüße aus Berlin
- Aus München grüßt freundlich
- Grüße vom sonnigen Niederrhein
- Herbstliche Grüße von Eschweiler nach Ingolstadt sendet

Zehn Tipps für guten Stil

Halten Sie sich immer Ihr Ziel vor Augen: Der Text soll den Empfänger neugierig machen in Richtung „Diesen Bewerber möchte ich gerne kennen lernen.“ Nachfolgend die zehn wichtigsten Tipps für einen verständlichen, modernen und leserfreundlichen Briefstil.

Tipp 1: Weg mit den Phrasen und Floskeln

Schreiben Sie bitte nicht: „Bezugnehmend auf Ihre Anzeige gestatte ich mir, Ihnen meine Unterlagen zu Ihrer geschätzten Kenntnisnahme zu schicken.“ Solche altmodischen und umständlichen Formulierungen sind bloßes Geschwätz. Sie wirken langweilig und abgegriffen und das mindert die Wirkung Ihres Briefes.

Tipp 2: Mit Verben werben

Vermeiden Sie Ausdrucksweisen wie „zum Einsatz kommen“, „zum Abschluss bringen“, oder „Interesse empfinden“, denn Hauptwörter machen einen Satz steif und schwer lesbar. Mit Verben wirkt das Ganze viel knapper, präziser und lebendiger. Schreiben Sie also schlicht und treffend: „einsetzen“, „abschließen“, oder „interessieren“.

Tipp 3: Fragen als Stilmittel

Fragen lassen sich sehr wirkungsvoll einsetzen. Geschickt eingefügt sorgen sie für Aufmerksamkeit und lockern den Text auf. Der Leser fühlt sich direkt angesprochen. Im konventionellen Briefstil werden Fragen häufig in indirekte Rede gekleidet. Untersuchen Sie Ihr Anschreiben daraufhin und verwandeln Sie solche Umschreibungen in direkte Fragen. Aus einem langatmigen Satz wie „Bitte lassen Sie mich wissen, ob ich Ihr Interesse geweckt habe?“, wird dann „Habe ich Ihr Interesse geweckt?“, oder noch kürzer „Sind Sie interessiert?“ Auch Kurzfragen sind erlaubt. Eine dritte Version lautet ganz kurz und knackig: „Interessiert?“

Fragen können auch gezielt eingesetzt werden, um auf das Folgende neugierig zu machen: „Warum ich mich bewerbe? Ganz einfach. Ihr Angebot reizt mich.“ Oder versuchen Sie es einmal mit Fragen wie: „Was können Sie von mir erwarten?“, „Was könnte ich für Sie tun?“

Tipp 4: Der hilfreiche Doppelpunkt

Auch der Doppelpunkt ist als Stilmittel ein vielseitiger Helfer. Betrachten Sie das folgende Beispiel: „Was meine Qualifikationen anbetrifft, so habe ich vor kurzem ein Studium der Betriebswirtschaft abgeschlossen.“ Dieser Satz könnte auch lauten: „Zu meinen Qualifikationen: Ich habe vor kurzem ein Studium der Betriebswirtschaft abgeschlossen.“ Das klingt viel klarer und direkter. Sie sehen: Der Doppelpunkt kann viel leisten. Sie können ihn einsetzen, um Gedanken zu gliedern, bestimmte Satzteile zu betonen und die Aufmerksamkeit des Lesers zu steigern: „Dabei ist zu beachten: …“, „Interessant ist für Sie sicherlich die folgende Tatsache: …“

Tipp 5: Signalwörter verwenden

Welche Wortwahl ist geeignet, die Aufmerksamkeit eines Personalchefs zu wecken? Welche Begriffe werden nicht überlesen? Dazu gehören alle Formulierungen, die Vorteile für den Chef und das Unternehmen versprechen oder einfach Neugier wecken. Die Stellenanzeigen der Zeitungen sind voll von „leistungsorientierten" Wörtern und Formulierungen, die nach Ansicht der Betriebe idealerweise zu einem positiven Arbeitsumfeld gehören: erfolgreich, Gewinn, kostengünstig, zuverlässig, Sicherheit, Lösung, kreativ, qualifiziert, verantwortlich, Erfahrung, Verhandlungsgeschick, Qualität, effizient, kundenorientiert, ...

Bewerber haben eine gute Möglichkeit, sich im Anschreiben inhaltlich und stilistisch daran zu orientieren. Lassen Sie solches Vokabular auch in Ihr Anschreiben einfließen. Sie können damit Ihre hohe Motivation und Entschlossenheit darstellen und zeigen, dass Sie wissen, was man von Ihnen erwartet.

Tipp 6: Kurze Sätze bilden

Lange Schachtelsätze sind für den Leser ermüdend und schrecken ihn eher ab. Dazu ein Beispiel, das in dieser Form zum Glück nicht mehr oft auf den Schreibtisch der Personalchefs kommt: „Unter Bezugnahme auf Ihre Stellenanzeige in der Westfälischen Rundschau vom 27. 3. 2001, gestatte ich mir, Ihnen meine Bewerbungsunterlagen zuzusenden, mit der Bitte, sie bei der Besetzung der ausgeschriebenen Position als Produktmanager in Ihrem Unternehmen, freundlichst in Erwägung zu ziehen." Dieser verschachtelte Satz besteht sage und schreibe aus 37 Wörtern. Dabei lässt sich der Inhalt kurz und knapp in der Betreffzeile unterbringen: „Ihre Anzeige ‚Produktmanager' in den Westfälischen Nachrichten vom 27. 3. 2001."

Gehen Sie also sparsam und gezielt mit Worten um und formulieren Sie so kurz wie möglich. Kurze Sätze haben einen weiteren entscheidenden Vorteil: Sie lassen keinen Platz für umständliche Formulierungen und Floskeln (siehe Tipp 1).

Tipp 7: Mit Fremdwörtern geizen

Fachausdrücke sind etwas für Fachleute, Laien verstehen sie meist nicht und dazu zählen häufig die Personalfachleute, die Ihre Bewerbung in der Regel als Erste begutachten und bewerten. Gehen Sie deshalb sparsam mit Fachbegriffen um.

Tipp 8: Einschränkende Formulierungen vermeiden

Formulierungen mit „hoffen", „glauben" und „meinen" wirken ungünstig, da sie Unsicherheit und Zweifel beinhalten: „Ich glaube, den Anforderungen gerecht werden zu können", oder „Ich hoffe, dass Sie mich für die ausgeschriebene Stelle berücksichtigen", sind typische Beispiele. Drücken Sie selbstbewusst aus, was Sie können.

Tipp 9: Umgangssprache als Ausnahme

Junge Unternehmen, die sich besonders dynamisch und innovativ präsentieren möchten, nutzen inzwischen auch Umgangssprache in ihren Stellenanzeigen: Es kann vorkommen, dass man von Ihnen in einer Stellenanzeige „'ne Menge Engagement" erwartet und dafür ein „tolles Arbeitsklima" bietet. In so einem Fall ist Umgangssprache auch in einem Anschreiben angemessen. Gezielt eingesetzt, können umgangssprachliche Formulierungen belebend und auflockernd wirken. Das Gleiche gilt für Dialekt.

Tipp 10: Neue Rechtschreibung

Zwar hat die alte Rechtschreibung noch bis 2005 Gültigkeit, doch in vielen Firmen ist sie schon Schnee von gestern. In einer zeitgemäßen Bewerbung sind die alten Schreibregeln nicht mehr angemessen. Ein Tipp für alle, die sich bisher noch nicht ausführlich mit den neuen Regeln beschäftigt haben: Wenden Sie zumindest die neue Regel für die Schreibung mit ss und ß an (ss nach kurzem Vokal, ß nach langem Vokal und Doppelvokal), denn damit haben Sie in Ihrem Text bereits rund 80 Prozent in die neue Rechtschreibung übertragen. Ziehen Sie für weitere Zweifelsfälle den Duden (neueste Ausgabe) zu Rate.

UNSER TIPP

Lesen Sie sich zum Abschluss Ihren Text laut vor. Wenn Sie beim Lesen „stolpern", dann ist der Satzbau noch nicht in Ordnung und muss nachgebessert werden. Lassen Sie sich von Freunden oder Verwandten beraten, wenn Sie sich bei bestimmten Formulierungen unsicher fühlen.

Übersichtlich gliedern und gestalten

Unterschätzen Sie nicht die Wirkung, die von der Optik ausgeht. Eine ansprechende Gestaltung kann Sympathie wecken und das Interesse an Ihrer Person unterstützen. Es gibt vielfältige Mittel, um einen Text übersichtlich und nachvollziehbar zu gestalten. Üblicherweise fasst man Zusammengehöriges in Absätzen zusammen, sodass der Leser auf den ersten Blick erkennt, wo ein neuer Gedankengang ansetzt. Drei Absätze genügen in der Regel, um Einleitung, Hauptteil und Schluss optisch sichtbar zu machen.

Eine weitere Möglichkeit ist die Auflistung. Sie eignet sich, um Punkt für Punkt bestimmte Argumente vorzubringen und z. B.

1. Besonderheiten Ihres Werdegangs zu betonen,
2. Fähigkeiten und Kenntnisse in Zusammenhang mit der angestrebten Position hervorzuheben,
3. die Gründe, weshalb man gerade Sie einstellen sollte, übersichtlich herauszustreichen,
4. das Anschreiben auch optisch zu gliedern.

Wer nicht nur mit Ziffern, sondern auch inhaltlich seine Gliederung verdeutlichen will, kann zum Mittel der Zwischenüberschrift greifen, das auch in Stellenanzeigen oft verwendet wird. Neben dem Grundmuster „Wir sind/Wir suchen/Wir erwarten" finden sich viele Abwandlungen, beispielsweise: „Wir bieten Ihnen/Sie bieten uns/Es erwartet Sie" oder

„Wir sind/Ihr Aufgabenbereich/Sie bringen folgende Voraussetzungen mit/Wir bieten Ihnen". Wenn Sie ein solches Schema für Ihre Bedürfnisse abwandeln und die Ordnungsmuster als Zwischenüberschriften einsetzen, erhalten Sie ein sehr klar gegliedertes Anschreiben. Der Leser sieht dann auf einen Blick, worum es im Weiteren geht:

- Wer ich bin – Was ich kann – Was ich suche
- Warum ich mich bewerbe – Meine Fähigkeiten – Was Sie sonst noch über mich wissen sollten
- Ich bin – Ich kann – Ich habe – Ich will

Wenn Sie sichergehen wollen, dass der Empfänger wichtige Informationen Ihres Briefes nicht übersieht, können Sie die Textstellen optisch hervorheben. Dafür stehen Ihnen mit Schreibmaschinen oder Computern verschiedene Möglichkeiten zur Verfügung: Sie können **fetten**, *kursiv schreiben* oder unterstreichen. Es besteht auch die Möglichkeit, die Schriftart zu wechseln, die Schriftgröße zu verändern, nur GROSSBUCHSTABEN zu verwenden oder so genannte KAPITÄLCHEN (Wort markieren, dann Tasten Strg + Umschaltung + Q gleichzeitig drücken), bei denen der Großbuchstabe etwas größer erscheint als der Rest. Schließlich kann eine Überschrift oder eine Wortgruppe

zentriert werden.

Solche Hervorhebungen können – sinnvoll eingesetzt – viel bewirken. Zu viel des Guten aber verfehlt die Wirkung. Daher gilt die Grundregel: Gestaltungsmöglichkeiten nur sparsam anwenden und nur ganz wenige entscheidende Dinge herausheben. Versuchen Sie beispielsweise einzelne Wörter oder kurze Sätze deutlich mit Fettdruck oder Unterstreichung hervorzuheben. Sie schaffen auf diese Weise Blickfänge, die schon während des ersten Überfliegens auffallen.

Wenn Sie die folgenden beiden Anschreiben gleichen Inhalts vergleichen, wird schnell deutlich, wie entscheidend die optische Gestaltung für den ersten Eindruck des Anschreibens ist. Urteilen Sie selber spontan: Welches Schreiben spricht Sie mehr an?

BEISPIEL 1: GESTALTUNG – NEGATIVBEISPIEL

Daniel Schneider
Blumenweg 15
10625 Berlin
Tel. 0 30/3 47 45 22

5. Oktober 2001

Architekturbüro Leinberger & Partner
Herrn Leinberger
Kurfürstenstr. 135

10785 Berlin

Bewerbung

Sehr geehrter Herr Leinberger,

Ihre Anzeige in der „Bauwelt“ 36 vom 29. September 2001 entspricht meinen Vorstellungen. Ich kann Ihren fachlichen Anforderungen aufgrund meiner 10-jährigen Berufserfahrung als Architekt entsprechen. Deshalb bewerbe ich mich auf die ausgeschriebene Stelle.
Der beigefügte Lebenslauf informiert Sie über meine Ausbildung und meine verschiedenen beruflichen Aufgaben. Zurzeit bin ich in einem Architekturbüro mittlerer Größe in Berlin tätig. Mein Aufgabenschwerpunkt umfasst Projekt steuerung vor Ort, die Vorbereitung, Durchführung und Koordination von Vorhaben im Wohnungsbau, Bauleitung bei größeren Projekten, Detail- und Ausführungsplanung. Die Tätigkeit erfordert Organisationstalent, Verhand lungsgeschick und die Fähigkeit, komplexe Planungen zu erfassen und umzu setzen. Ich habe mir gründliche Kenntnisse im Bau- und Planungsrecht angeeignet und verfüge auch über CAD-Erfahrung. Darüber hinaus können Sie von mir Engagement für die Belange der Architektur und der Bauherren, aber auch Neugier und Aufgeschlossenheit für die ganze Bandbreite der in Ihrem Architekturbüro ausgeführten Leistungen erwarten.
Es würde mich sehr freuen, wenn Sie mich zu einem Vorstellungsgespräch einladen. Da ich mich in ungekündigter Stellung befinde, bitte ich Sie, diese Bewerbung vertraulich zu behandeln.

Mit freundlichen Grüßen

Daniel Schneider

Anlagen

BEISPIEL 2: GESTALTUNG – POSITIVBEISPIEL

Daniel Schneider
Blumenweg 15 10625 Berlin Tel. 0 30/3 47 45 22 daniel.schneider@t-online.de

Architekturbüro Leinberger & Partner
Herrn Leinberger
Kurfürstenstr. 135

10785 Berlin

Berlin, 5. Oktober 2001

Ihre Anzeige in der „Bauwelt" 36 vom 29. September 2001
Bewerbung als Architekt

Sehr geehrter Herr Leinberger,

Ihren fachlichen Anforderungen kann ich aufgrund meiner 10-jährigen Berufserfahrung als Architekt entsprechen.

Meine Qualifikationen: Zurzeit bin ich in einem Architekturbüro mittlerer Größe in Berlin tätig. Mein Aufgabenschwerpunkt umfasst Projektsteuerung vor Ort, die Vorbereitung, Durchführung und Koordination von Vorhaben im Wohnungsbau, Bauleitung bei größeren Projekten, Detail- und Ausführungsplanung. Die Tätigkeit erfordert Organisationstalent, Verhandlungsgeschick und die Fähigkeit, komplexe Planungen zu erfassen und umzusetzen.

Was Sie sonst noch wissen sollten: Ich habe mir gründliche Kenntnisse im Bau- und Planungsrecht angeeignet und verfüge auch über CAD-Erfahrung. Darüber hinaus können Sie von mir kontinuierliches Engagement für die Belange der Architektur und der Bauherren, aber auch Neugier und Aufgeschlossenheit für die ganze Bandbreite der in Ihrem Architekturbüro ausgeführten Leistungen erwarten.

Haben Sie Interesse? Dann komme ich gerne zu einem persönlichen Gespräch zu Ihnen. Da ich mich in ungekündigter Stellung befinde, bitte ich Sie, diese Bewerbung vertraulich zu behandeln.

Mit freundlichen Grüßen

Daniel Schneider

PS: Ihr ehemaliger Mitarbeiter Gregor Huber ist heute mein Kollege und könnte Ihnen als Referenz dienen.

Bewertung von Beispiel 1

Der Betreff ist ungenau. Auf strukturierende Hervorhebungen und ansprechende Aufteilung wurde verzichtet. Der Text hängt zu weit oben. Der mittlere Absatz ist zu lang. Die Schrift wirkt altmodisch. Der rechte Textrand flattert zu stark und wirkt sehr unruhig.

Bewertung von Beispiel 2

Der Betreff bezeichnet deutlich, um welche Position es geht. Die Gliederung des Textes ist durch die fettgedruckten Einleitungen auf den ersten Blick zu erfassen. Aus dem mittleren großen Absatz sind zwei kleine geworden, sodass der Text die Seite angenehm ausfüllt. Mit einer klaren Schrift und einem ansprechend gestalteten Briefkopf wirkt dieses Anschreiben harmonisch und vermittelt ein optisch positives Bild. Das PS am Schluss des Briefes bietet einen zusätzlichen Blickfang und platziert gekonnt eine zusätzliche Information.

Die dritte Seite

Immer mehr Bewerber fügen ihren Unterlagen eine dritte Seite mit Zusatzinformationen zu ihrer Person bei. Was hat es damit auf sich? Zunächst einmal ist diese dritte Seite keineswegs vorgeschrieben. Sie ist quasi eine Bonusseite, die Sie zusätzlich nutzen können, um sich ins rechte Licht zu rücken. Ob eine dritte Seite für Ihre Bewerbung sinnvoll ist, müssen Sie selbst abwägen.

Der Vorteil liegt auf der Hand: Die dritte Seite kommt für die meisten Personalentscheider noch ziemlich überraschend und Sie heben sich damit auf jeden Fall von den Konkurrenten ab. Die dritte Seite zieht auch deshalb Aufmerksamkeit auf sich, weil – anders als bei Lebenslauf und Anschreiben – weder Form noch Inhalt vorgegeben und standardisiert sind. Hier dürfen Sie ruhig einmal „aus dem Bauch heraus“ formulieren und Ihre Kreativität ausspielen.

Als Inhalt kommen Angaben zu Ihrer Kompetenz, Persönlichkeit oder Motivation infrage. Achten Sie darauf, dass die von Ihnen gewählte „Botschaft" inhaltlich zu den Aussagen von Anschreiben und Lebenslauf passt, sie aber nicht bloß wiederholt.

Die dritte Seite soll eine interessante Ergänzung darstellen. Wie im Anschreiben sind auch hier Lesefreundlichkeit und guter Stil wichtig: Versuchen Sie also nicht, zu vieles oder alles Mögliche unterzubringen, sondern entscheiden Sie sich ganz gezielt für Informationen, die Ihre Qualitäten besonders in Szene setzen. Wie wäre es z. B. mit einer der folgenden Möglichkeiten:

- Erklärung der Motivation: Das ist eine gute Idee, wenn Ihr Werdegang ungewöhnlich ist oder Sie nicht auf den ersten Blick für den Job auszeichnet, beispielsweise wenn Sie sich als Quereinsteiger bewerben. Gut geeignet auch für Berufsanfänger, die noch nicht auf entsprechende Joberfahrung verweisen können.
- Was ich noch sagen wollte: Unter dieser oder einer ähnlichen Überschrift können Sie Dinge ansprechen, die der Personalchef wissen sollte und die Sie in der gebotenen Kürze des Anschreibens nicht unterbringen konnten. Wählen Sie ruhig einen etwas persönlicheren Ton.
- Sind in dem Job, den Sie haben möchten, besondere Talente gefragt, z. B. Organisationstalent, Führungskompetenz oder Kreativität? Beschreiben Sie konkret, was für Sie spricht.
- Tätigkeitsbeschreibung: Eine ausführliche Information über Hauptaufgaben und Projekte in der aktuellen Position findet in Anschreiben und Lebenslauf oft nicht ausreichend Platz. Dabei kann ein Detail Ihres Werdegangs für die Personalentscheidung große Bedeutung haben. Eine solche dritte Seite bietet sich vor allem dann an, wenn Ihr letztes Arbeitszeugnis einige Jahre zurückliegt.
- Liste Ihrer Publikationen: Das ist eine geeignete Möglichkeit, wenn Sie mehrere beruflich relevante Veröffentlichungen angeben können.

Kreative und originelle Anschreiben

So viele Persönlichkeiten und Berufssparten, so viele Möglichkeiten gibt es, jeweils eine passende Bewerbung zu verfassen. Sie bestimmt den ersten Eindruck von dem Bewerber als eine Art Visitenkarte, die besonders dann ins Auge springt, wenn sie kreativ und fantasievoll gemacht ist. Ein Personalchef einer großen Firma hat einmal gefordert: „Ein Anschreiben soll spannend sein wie ein Krimi." Machen Sie sich also ruhig frei von dem zu festgelegten, starren und langweiligen Schema der Standardanschreiben. Fantasie ist das Zauberwort. Setzen Sie anstelle der Betreffzeile doch einmal ein pointiertes Zitat oder eine kurze intelligente Aussage. Wenn es Ihnen gelingt, den Leser mit einer Headline neugierig zu machen, können Sie schon fast sicher sein, dass Ihr Anschreiben nicht auf dem Stapel „Absagen" landet.

Vielleicht enthält die Stellenanzeige des Unternehmens, bei dem Sie sich vorstellen möchten, einen Hinweis, der Sie zu einer ungewöhnlichen Bewerbung inspiriert? So machte sich beispielsweise ein Bewerber aus Heidelberg, der sich bei dem Automobilhersteller Ford bewarb, den Werbespot „Ford – wir tun was" zunutze: Das Logo von Ford zierte das Deckblatt seiner Bewerbung mit dem Slogan: „Ford – Ich möchte was für Sie tun".

Ob Ihr Brief zündend wirkt, hängt nicht zuletzt von der geschickten Wahl der Darstellungsform ab. So stellte ein Düsseldorfer Grafiker, der gerade von der Uni „auf Bewährung entlassen" war, seine Unterlagen detailgetreu in Form einer Strafakte zusammen und heftete sie in einen mit Namen und Aktenzeichen beschrifteten Hängeordner.

Auch wenn ein Sachbearbeiter seine Bewerbung in Form eines kaufmännischen Angebotes aufbaut oder ein Journalist sich mit einem fiktiven Interview bewirbt, ist das zugleich originell und passend. Der Bewerbungsbrief erhält dann die Bedeutung einer Arbeitsprobe. Eher abzuraten ist von krampfhafter Originalität. Ans Dichten sollte sich nur wagen, wer es gut kann.

Weitere Anregungen für ungewöhnliche Anschreiben:

- **Interview- und Fragebogenbewerbung:** Die Gestaltung eines fiktiven Interviews ist eine gute Alternative. Das Frage-Antwort-Modell gibt Ihnen den Aufbau Ihres Schreibens klar vor. Mit wenigen Zeilen können Sie auf diese Weise gezielt Interesse wecken.
- **Angebotsbewerbung:** Verkaufen Sie Ihrem potenziellen Arbeitgeber Ihre Arbeitskraft. Überlegen Sie, was Sie anzubieten haben, welchen Nutzen Sie dem Unternehmen bringen können, mit welcher „Lieferfrist" und zu welchem Preis Sie zu haben sind. Ihr Text sollte den Anforderungen und Erwartungen des Empfängers entsprechen und positive Besonderheiten, etwa zusätzliche Qualifikationen, nennen.
- **Werbetrommelbewerbung:** Werben Sie für Ihre Arbeitskraft. Dazu müssen Sie überzeugend darstellen, dass das Unternehmen davon profitiert, wenn es Sie einstellt: Der Werbetext muss humorvoll oder sachlich, immer jedoch klar verständlich, kurz und präzise sein.
- **Tabellen- oder Formularbewerbung:** Warum verwenden oder besser noch erfinden Sie nicht einfach einmal ein Formular für Ihr Bewerbungsschreiben? Oder eine Tabelle. Schon die ungewöhnliche Optik und der Neuheitseffekt sind ein Pluspunkt dieser Darstellungsform. Sie folgen damit dem modernen Trend, alles so knapp und griffig zu präsentieren wie nur möglich.
- **Märchenbewerbung:** Erzählen Sie gerne Geschichten oder müssen Sie vielleicht beruflich oft Geschichten erfinden oder beurteilen, beispielsweise als Journalist oder Kinderbuchredakteur? Oder haben Sie als Erzieherin oder Kinderkrankenschwester viel mit Kindern zu tun? Dann wäre eine Geschichte oder ein Märchen eine passende Möglichkeit für Ihr Anschreiben.
- **Rezeptbewerbung:** Um dem Leser Ihre Qualifikationen „schmackhaft" zu machen, können Speisekarten, Kochanleitungen oder Texte rund um Küche und Kochen Anregung bieten. Ein Auszug aus der Speisekarte, ein verlockendes Angebot für ein Menü oder eine reichhaltige Zutatenliste könnten ein solches Anschreiben gliedern.

- **Zeitungsbewerbung:** Eine gute Idee für Journalisten und PR-Leute: Gestalten Sie Ihre Bewerbung in Form einer Zeitungsseite; mit ansprechendem Layout, einer aussagekräftigen Headline und einem Text, der dem Leser einen Überblick über Ihre beruflichen Qualifikationen gibt und Ihre journalistische Ader erkennen lässt.
- **Tagebuchbewerbung:** Die Tagebuchbewerbung stellt die persönliche Sichtweise des Schreibenden in den Vordergrund: Schildern Sie in Form chronologisch aufeinander folgender Aufzeichnungen, was Sie dazu bewogen hat, dass Sie sich um diese Stelle bewerben.
- **Detektivbewerbung:** Ein Anschreiben im Stil einer Detektei ist eine spannende Alternative. Versetzen Sie sich in die Lage eines Detektivs, der dem Empfänger – natürlich streng vertraulich – wissenswerte Einzelheiten über den Bewerber mitteilt.
- **Gebrauchsanweisungsbewerbung:** Als Inspirationsquelle für Stil und Struktur eines solchen Anschreibens können Beipackzettel von Medikamenten Pate stehen. Unter den Oberbegriffen „Anwendungsgebiet", „Darreichungsform", „Wirkungsweise", „Nebenwirkungen" lassen sich alle für die Bewerbung relevanten Fakten kreativ formulieren.

Neben einer gehörigen Portion kreativer Energie erfordert eine solche Bewerbung auch Mut. Denn Sie können natürlich nicht wissen, wie der Empfänger auf diese Art der Bewerbung reagiert. Ihrem Fingerspitzengefühl bleibt es überlassen, ob Sie glauben, ihm solch ein ungewöhnliches Anschreiben „zumuten" zu können. Die Erfahrung zeigt, dass originelle Bewerbungen in innovativen Unternehmen und in kreativen Berufssparten meistens positiv bewertet werden. Auch in konservativen Firmen können Sie damit einen Überraschungstreffer landen. Vorhersagen lässt sich das aber mit Gewissheit nicht.

Voraussetzung für den Erfolg ist natürlich, dass das Anschreiben nicht nur ungewöhnlich, sondern auch gekonnt verfasst ist und alle wesentlichen Informationen enthält. Der Personalchef muss am Ende trotzdem genau über Sie als Bewerber im Bilde sein.

BEISPIEL 1: VERTRIEBSMITARBEITER

Marco Kinzel

Steinbrücker Str. 27
30659 Hannover
Tel. 05 11/42 43 50

Kirch Baustoffwerke
Herrn Thomas Gundlach
Apfelfeldweg 42–44

30629 Hannover

Das trifft sich gut. Sie wünschen sich einen neuen Vertriebsmitarbeiter (FAZ 02. 02. 2002). Und ich mir eine Herausforderung.

15. Februar 2002

Sehr geehrter Herr Gundlach,

wenn Sie für die Betreuung Ihrer Kunden auch einem hoch motivierten Einzelhandelskaufmann eine Chance geben, kann ich mir gut vorstellen, dieser neue Vertriebsmitarbeiter zu sein. Denn was Sie verlangen, kann ich leisten.

Seit fünf Jahren bin ich in dem renommierten Autohaus, in dem ich auch meine kaufmännische Lehre abgeschlossen habe, als Verkäufer tätig. Ich weiß daher, dass mir der Umgang mit Kunden liegt. Mein Ausbildungszeugnis bescheinigt eine „hervorragende Kommunikationsfähigkeit“ und „sicheres persönliches Auftreten“.

In Ihrer Anzeige betonen Sie die Kundenorientierung Ihres Unternehmens. Was verstehen Sie darunter? Ich lege es so aus: Ein kundenorientierter Vertriebsmitarbeiter kann nicht nur verkaufen, sondern auch zuhören, qualifiziert beraten, auch mal eine „Extrawurst braten“ und dem Kunden das Gefühl geben, dass er sein Geld gut investiert.

Wenn Ihnen diese Einstellung gefällt und Ihnen meine Zeugnisse als zusätzliche gute Voraussetzung erscheinen, komme ich gern zu einem Vorstellungsgespräch zu Ihnen.

Geben Sie mir Gelegenheit, die Herausforderung anzunehmen?

Mit freundlichen Grüßen

Marco Kinzel

Anlagen

BEISPIEL 2: ONLINE-REDAKTEUR

Stefan Birkfelder

Alleestr. 202
47169 Duisburg
Tel. 02 03/9 56 43 22
E-Mail:
stefan.birkfelder@freenet.de

Futura Verlag
Herrn Klaus Wimmer
Lichtendorfer Str. 75

40223 Düsseldorf

14. März 2002

Bewerbung als „Online-Redakteur"
Ihre Anzeige in der FAZ vom 03.03.2002

Sehr geehrter Herr Wimmer,

Sie suchen den „erfolgshungrigen Multimedia-Profi", der innovative Verlagsprodukte konzipiert und umsetzt. Das hat mich neugierig gemacht. Nach unserem Telefongespräch am 7. März hatte ich den Eindruck, dass ich gut in Ihr Unternehmen passe. Um auch Sie neugierig zu machen, hier mein Kurzprofil:

Interessant für Sie: Abschluss Uni, Erfahrung bei der Betreuung von Online-Produkten (CD-ROM), Interesse am Thema Wirtschaft, Vertrautheit mit der Arbeitsweise großer Unternehmen. Sicherer Umgang mit der deutschen Sprache, gute Englischkenntnisse. Sicheres Auftreten, kreatives Denken, Gestaltungswille.

Wichtig für mich: arbeiten in einem kommunikativen Team, abwechslungsreiches Tätigkeitsfeld, attraktive Entwicklungsmöglichkeiten, Kreativität als Erfolgsfaktor.

Eine Zusammenarbeit bietet beiden Seiten gute Chancen, davon bin ich überzeugt. Über Ihre Zustimmung freue ich mich.

Freundlich grüßt Sie

Stefan Birkfelder

Anlagen

BEISPIEL 3: MITARBEITERIN MARKETING

Manuela Freising
Magazinstr. 18
79104 Freiburg
Tel. 07 61/19 74 63
E-Mail: manuela.freising@t-online.de

5. Januar 2002

Geiger International
Personalabteilung
Ottostr. 10

80333 München

Ihre Anzeige in der Freien Presse vom 02.01.2002
„Mitarbeiter/-in Produktmarketing"

Grüß Gott,

als Marketingfachfrau kann ich strategisch und konzeptionell denken und handeln. Mein Beruf macht mir Spaß, wenn ich mich richtig ins Zeug legen und in einem engagierten Team mitarbeiten kann. Abwechslung, Selbstständigkeit und viel Action wünsche ich mir auch von meinem zukünftigen Arbeitsplatz.

Klingt gut? Dann möchte ich mich Ihnen kurz vorstellen: Nach Abschluss eines Studiums in BWL bin ich seit 2000 bei der Kunze AG, Freiburg, im Bereich Marketing tätig. Zu meinen Aufgaben gehört die selbstständige Abwicklung im Produktmarketing und bei der Imagewerbung. Der Computer (Winword, Excel, Power Point) ist dabei mein täglicher Helfer.

Und falls Sie noch mehr von mir wissen möchten – auch das gehört zu meinem persönlichen Profil:

• selbstbewusstes Auftreten • Kontaktfreude und Fingerspitzengefühl im Umgang mit Kunden • Ehrgeiz und Kreativität • die Stärke, sich für ein Ziel einzusetzen • Pluspunkt: 1 Jahr Auslandserfahrung.

Hat diese Bewerbung Sie neugierig gemacht? Dann freue ich mich über eine Einladung zu einem Vorstellungsgespräch.

Mit freundlichen Grüßen

Manuela Freising

Anlagen

BEISPIEL 4: LEITER WERBEABTEILUNG

Gerd Heimaran
Fürstenbergstr. 28
79108 Freiburg
Tel. 07 61/49 94 75

8. November 2001

Lohmer & Lausch GmbH
Personalwesen
Postfach 52 07 80

50943 Köln

Bewerbung als Leiter der Unternehmenswerbung (FAZ, 3. November 2001)

Sehr geehrte Damen und Herren,

Ich bin ...
... seit mehr als zehn Jahren im Bereich Öffentlichkeitsarbeit der Freiburger Colora AG tätig. Nach meinem Studium der Germanistik war ich zunächst ein Jahr befristet bei der Pfälzischen Verlagsanstalt, Landau, als PR-Referent angestellt und wechselte dann für drei Jahre in die Schmücker & Partner Werbeagentur nach Freiburg.

Ich verfüge über Erfahrung bei ...
... der Kontaktpflege zu Presse, Funk und Fernsehen, bei der inhaltlichen Entwicklung und Umsetzung von kommunikationsstarken Imagekampagnen (Themenfindung, Redaktion, Produktion) ebenso wie bei der Vorbereitung von Reden und Präsentationen vom Briefing bis zur Hardcopy.

Ich biete Ihnen außerdem ...
... gute Englisch- und PC-Kenntnisse und den Ehrgeiz, mit innovativen Konzepten das Ansehen Ihres Unternehmens in der Öffentlichkeit zu stärken.

Ich suche ...
... eine neue verantwortungsvolle Tätigkeit, da sich in meiner jetzigen Position mittel- und längerfristig keine Möglichkeit bietet, beruflich weiterzukommen.

Ich könnte mit meiner Arbeit bei Ihnen am 1. Juli 2002 beginnen, die Gehaltsfrage möchte ich gerne in einem persönlichen Gespräch klären.

Mit freundlichen Grüßen

Gerd Heimaran

Anlagen

BEISPIEL 5: KAUFMÄNNISCHER LEITER

Torsten Grothe

Markgrafenstr. 12
70323 Stuttgart
Tel. 07 11/45 83 95

AMPE-Werke
Herrn Dominik Brunner
Türkenstr. 104

86165 Augsburg

2. März 2002

In Ihrer Anzeige (Süddeutsche Zeitung, 23. Februar 2002)

Sehr geehrter Herr Brunner,

suchen Sie einen dynamischen Kaufmann mit langjähriger Erfahrung und Führungsqualitäten. Für die anspruchsvollen Aufgaben, die Sie nennen, bringe ich gute Voraussetzungen mit. Was habe ich zu bieten?

Als Diplom-Volkswirt kann ich auf eine langjährige Erfahrung in der Industrie wie im Schulungs- und Weiterbildungsbereich verweisen. Nach Tätigkeiten in einer Großbank und als kaufmännischer Leiter bin ich seit drei Jahren Hauptabteilungsleiter in einer internationalen Vertriebsgesellschaft. Ich verfüge über folgende Kenntnisse:

- Finanz- und Rechnungswesen
- Planung, Controlling
- EDV-gestützte Informationssysteme, Kostenmanagement
- Eigene Moderationserfahrung, Schulungs-Know-how
- Personalentwicklung
- Englisch verhandlungssicher, Französisch

Entspricht das Ihren Wünschen? Sie können von mir hohe Einsatzbereitschaft und Eigeninitiative ebenso erwarten wie Zuverlässigkeit und ein ausgeprägtes Verantwortungsbewusstsein.

Es ist mir wichtig zu erwähnen, dass ich den Stellungs- und Ortswechsel aus privaten Gründen anstrebe, da meine Familie bereits seit einem Jahr in Augsburg lebt. Ich bin an eine dreimonatige Kündigungsfrist gebunden, könnte also frühestens zum 01.07.2002 beginnen.

Ich danke Ihnen für Ihr Interesse. Zu einem persönlichen Gespräch bin ich gerne bereit.

Es grüßt Sie herzlich

Anlagen

Torsten Grothe

BEISPIEL 6: AUSBILDUNGSPLATZ ALS BUCHHÄNDLER

Thorsten Gebauer Mariannenstr. 12 56072 Koblenz 15. Januar 2002
Tel. 02 61/57 47 44 E-Mail: t.gebauer@webnet.de

Buchhandlung am Markt
Herrn Herbert Rosner
Am Treppchen 45

56077 Koblenz

„Von Buch zu Buch, von Blatt zu Blatt!
Da werden Winternächte hold und schön,
Ein selig Leben wärmet alle Glieder,
Und ach, Entrollst du gar ein Pergament,
Steigt der ganze Himmel zu dir nieder."
(1105, Fausts Gehilfe Wagner in Faust I)

Bewerbung um einen Ausbildungsplatz

Sehr geehrter Herr Rosner,

unter den Büchern, die wir im Deutsch-Leistungskurs durchgenommen haben, war Goethes „Faust" mein Lieblingsthema. Ich kenne jedoch nicht nur Klassiker, sondern verschlinge vor allem Abenteuer- und Kriminalromane. Besonders gerne lese ich Science-Fiction-Literatur. Aufgrund der Freude, die ich an Büchern habe, möchte ich mich bei Ihnen um einen Ausbildungsplatz als Buchhändler bewerben.
Nach meinem Abitur, ab Anfang März, könnte ich Ihnen als Auszubildender zur Verfügung stehen.

„Mit Eifer habe ich mich der Studien beflissen;
Zwar weiß ich viel, doch möchte ich alles wissen."
(600, Fausts Gehilfe Wagner in Faust I)

Es würde mir viel Spaß machen, Kunden freundlich und individuell zu beraten, einen Überblick auch über Sach- und Fachbücher zu gewinnen und mir notwendige Grundkenntnisse in Einkauf, Lagerhaltung und Kaufmännischem Rechnungswesen anzueignen.
Gerne würde ich mich bei Ihnen persönlich vorstellen – oder um es noch einmal mit Goethes Worten zu sagen:

„Ich bitt Euch, nehmt Euch meiner an!
Ich komme mit allem guten Mut,
... und frischem Blut.
Meine Mutter wollte mich kaum entfernen;
Möchte gern was Rechts hieraußen lernen."
(1875, Ein Schüler in Faust I)

Mit freundlichem Gruß **Anlagen**

Thorsten Gebauer

BEISPIEL 7: REDAKTEUR BEREICH HUMOR

Udo Göbel
Ehm-Welk-Str. 46
14513 Teltow
Tel. 03328/774024

Felix Verlag GmbH
Personalwesen
Im Lauch 45

70619 Stuttgart

28. Januar 2002

**Ihre Stellenausschreibung „Redakteur für den Bereich Humor"
Handelsblatt, 21.01.2002**

Sehr geehrte Damen und Herren,

anbei erhalten Sie meine Bewerbungsunterlagen. Ich habe gezögert, Ihnen eine Kopie meines Diploms beizulegen. Aber da ich annehme, dass sich noch nie ein „Diplom-Komponist" – das ist jemand, der Diplome komponiert – bei Ihnen beworben hat, habe ich's dennoch getan, denn Sie sollen beim Durchsehen der Bewerbungen auch einmal etwas zu lachen haben. Ansonsten fassen die Papiere die letzten 38 Jahre meines Lebens mit gebotenem Ernst zusammen.

Mein Interesse an Ihrem Stellenangebot basiert auf drei Gründen:

Erstens wohne ich in der Ehm-Welk-Straße und Ehm Welk hinterließ bekanntlich mit den „Heiden von Kummerow" einen Klassiker des humoristischen Genres.

Zweitens braucht mein Auto, um durch die bevorstehende TÜV-Prüfung zu kommen, eine Reihe neuer Teile; diese Reparaturen sind nur finanzierbar, wenn ich wieder eine gut bezahlte Stellung antrete.

Drittens fühle ich mich prädestiniert, weil wir im Osten (wo ja, wie einige meinen, die qualifiziertesten und motiviertesten Mitarbeiter herkommen) in den letzten zehn Jahren wirklich viel Spaß verstehen mussten, wenn uns das Lachen nicht vergehen sollte.

Etwas oberhalb dieser drei existenziellen Grundtatsachen angesiedelt, habe ich ein paar Daten zusammengefasst, die Ihnen auf den ersten Blick die Einsicht erlauben, dass ich genau derjenige bin, der Ihnen gerade noch gefehlt hat.
Man nennt das wohl jetzt:

Persönliches Kreativitätsprofil

Temperament:	Von 0 auf 100/km/h in 12,6 sec.
Veranlagung:	Multimedial – Musik: 5 Jahre Studium, 4 Jahre Hochschuldienst. Wissenschaft: 4 Jahre Humboldt-Universität. Literatur: Autor seit 16 Jahren (Zeitungen, Zeitschriften, Rundfunk, Lexika, 2 eigene Bücher), 4 Jahre Redakteur einer Literaturzeitschrift. Film: 4 Jahre Lektorat und Musikdramaturgie im Spielfilmstudio der DEFA Babelsberg. Kunst: Keine Ahnung. Verlage: 3 Jahre PR-Referent eines Buchverlages; ein Verlag nach der „Wende" mitbegründet.
Neigung:	35° Nordnordost. Typischer Alleinarbeiter, der das Team braucht, um produktiv zu bleiben. Kein Streithammel (außer wenn ein Fremder meinen Schreibtisch aufräumt), Konfliktfähigkeit durchschnittlich.
Kenntnisse:	Im Redigieren, Lektorieren, Promoten von Texten sowie Ablehnen unverlangt eingesandter Manuskripte; im Gewinnen, Überreden, Besänftigen, Vertrösten und Ermutigen von Autoren aller Temperamente; ferner in Herstellung und Einsatz von Werbemitteln.
Computer:	Textprogramme, Tabellenkalkulation, Datenbank unter DOS, WINDOWS und Apple.
Handschrift:	Miserabel, aber lesbar.
Arbeitsweise:	Termintreu, aber in letzter Minute. Zeilengenau, aber genialisch. Kenne keinen aufgeräumten Schreibtisch, daher cholerische Suchreaktion (Anfälle dauern 3–5 Minuten).
Marotten:	Kaffeetrinker (12–16 Tassen tgl.). Unter Nichtrauchern Nichtraucher, unter Rauchern Gelegenheitsraucher. Schachspieler. Krümelmonster.
Gesundheit:	Alles dran bis auf den linken Schilddrüsenlappen (Strumektomie Nov. 93).
Ich mag:	Katzen, gut versteckte und wirklich witzige Druckfehler, Burgen und Schlösser, pointierte Geschichte, Falco, Wortwitz, knappe Rezensionen schreiben, Geld.
Ich mag nicht:	Bonsai-Bäumchen, offensichtliche Dreckfuhler, den TÜV, langatmiges pseudo-philosophisches Geschwafel, Doris-Day-Filme, Humorlosigkeit, Neujahrskarten schreiben, kein Geld.
Ich mag gar nicht:	Aggressivität, Gewalt, Intoleranz, die Unfähigkeit zuzuhören.

Ich habe: 1 Frau. 1 Tochter (vierjährig). 1 kastrierten Kater. 1 Mietwohnung. 1 Computer. 1 Auto (Fiat Tipo). Außerdem für die Weltbühne geschrieben, ein 3. Buchmanuskript fertig, mit über 200 Autoren (für TEMPERAMENTE) zusammengearbeltet, zahlreiche Autorenkontakte (auch Cabaret, Cleincunst, Comic). Überblick übers Verlagswesen (von Aufbau bis Zytglogge).

Ich habe nicht: Für ein öffentliches Amt kandidiert. Die 4 Bücher, die ich unbedingt noch schreiben will, geschrieben. Genug Zeit, um Zeit zu verlieren. Zu lachen verlernt.

Ich kann noch: Chorsätze schreiben, Partituren lesen, Baufinanzierungen erstellen, Orchester dirigieren, kyrillische Schrift entziffern, Kapitalanlagen vermitteln.

Ich will noch: 4 Bücher schreiben. Jede Menge andere Bücher auf den Weg bringen. Ein paar überflüssige Bücher verhindern. Autoren zum Erfolg verhelfen.

Ich suche: Eine Arbeit, die mir Spaß macht. Eine Arbeit, in die man den Spaß, den Arbeiten macht, einbringen kann. Eine Arbeit, die bei allem Spaß etwas einbringt.

Für eine persönliche Vorstellung stehe ich Ihnen jederzeit zur Verfügung. Der Beginn meiner Tätigkeit könnte frühestens am übernächsten Tag nach Ihrer Zusage erfolgen.

Neben den beigelegten Arbeitsproben geht per Büchersendung (also mit getrennter Post) auch noch ein Buch auf die Reise, für das ich als Herausgeber (und zur guten Hälfte als Autor) zeichnete. Es ist, wie immer Sie entscheiden, für Ihren Archivbestand gedacht.

Mit freundlichen Grüßen

Udo Göbel

Anlagen: (jede Menge)

BEISPIEL 8: GRAFIKERIN

Sabine Zitzmann
Auf dem Sonnenborn 20
12047 Berlin
Tel. 0 30/4 34 33 20
E-Mail: s.zitzmann@gmx.de

15. Oktober 2001

Becher & Partner Medien GmbH
Singerstr. 44

12524 Berlin

Ihre Anzeige in der Berliner Morgenpost vom 12.10.2001

Sehr geehrte Damen und Herren,

es ist geschafft: Ich habe mein Examen in der Tasche. Nun möchte ich mit Mac und Marker aus Layouts Gestaltung machen.

Sie suchen: Grafiker/-in mit Mac-Kenntnissen

Ich biete: Gutes Diplom (Note 1,2)
Kenntnisse in Photoshop und Quark
Erste Agenturerfahrung (Praktikum)
Gute Ideen für starke Konzepte
Sport- und Teamgeist
Kühlen Kopf, auch wenns mal hoch hergeht
Fingerspitzengefühl im Umgang mit Kunden und Kollegen

Sie möchten: Gute Werbung machen für gute Kunden

Ich möchte: Mitmachen!

Wenn Sie meine Arbeitsproben überzeugen und wenn Sie Lust haben, eine solche Mitarbeiterin zu gewinnen: Anruf genügt. Auf ein Gespräch mit Ihnen freue ich mich.

Viele Grüße

Sabine Zitzmann

PS: Besuchen Sie doch einmal meine Homepage im Internet: www.sabine-zitzmann.de.

Anlagen

BEISPIEL 9: SEKRETÄRIN FÜR EINE WERBEAGENTUR

Karin Tiedemann Sternstr. 14 08371 Glauchau Tel. 0 36 63/47 53

Informa Werbeagentur
Dresdner Platz 29

09114 Chemnitz

2. April 2002

Bewerbung als Sekretärin

Liebes Informa-Team,

als gelernte Fremdsprachensekretärin, 26 Jahre alt, habe ich das ABC gelernt:

Am Morgen: Anrufbeantworter abhören
Briefe sortieren
Computer (Winword, Excel) bedienen
Drucker reparieren
Essen bestellen
Freundlich Besucher empfangen
Gute Englischkenntnisse schriftlich und telefonisch anwenden
Harmonische Atmosphäre verbreiten
Intensiv arbeiten
Jeden Kunden ernst nehmen
Kurier bestellen
Lächelnd Papierberge abtragen
Mitdenken und Initiative zeigen
Nie die Nerven verlieren
Organisationstalent beweisen
Post fertig machen
Quittungen ausstellen
Reisekostenabrechnungen prüfen
Schriftlich Kunden betreuen
Termine managen
Ungeduldige Anrufer vertrösten
Viel Kaffee kochen
Weiter Briefe schreiben
XY und Zum guten Schluss: Anrufbeantworter einschalten.

Kurz gesagt: Wenn Sie eine Sekretärin suchen, die ihren Charme und Humor auch im dicksten Stress nicht verliert, dann bin ich die Richtige für Sie!

Über eine positive Antwort freut sich

Karin Tiedemann

Anlagen

Karin Tiedemann Sternstr. 14 08371 Glauchau Tel. 0 36 63/47 53

Was sonst noch für mich spricht?

Seit 1989 arbeite ich als Sekretärin in der Marketingabteilung einer großen Warenhauskette in einer vergleichbaren Position. Zu meinen Aufgaben gehören neben der Erledigung aller sekretariatsüblichen Arbeiten die Erarbeitung von Aufstellungen sowie die Organisation und Vorbereitung von Konferenzen. Der Job erfordert sowohl intern als auch im telefonischen Kontakt mit unseren Kunden ein freundliches und sicheres Auftreten.

Ich bin EDV-erfahren im Umgang mit Winword, Excel und Pagemaker und arbeite ebenso routiniert mit Internet und E-Mail. Neben kaufmännischen Grundkenntnissen können Sie von mir sehr gute mündliche und schriftliche Englischkenntnisse erwarten, die ich während eines einjährigen Aufenthaltes in den USA erworben habe.

BEISPIEL 10: BUCHHALTER

Bernd Seiters
Seilgraben 5
52062 Aachen
Tel. 02 41/45 66 59

23. Oktober 2001

ELSTRA GmbH und Co. KG
Schildstr. 24

52074 Aachen

Ihre Anzeige in der Aachener Volkszeitung vom 17.10.2001

Sehr geehrte Damen und Herren,

Sie suchen einen Buchhalter für Ihre Verwaltung.

Ich bin 26 Jahre alt und verfüge über eine Ausbildung als Bankkaufmann und fünfjährige Berufserfahrung als Buchhalter in einem mittelständischen Unternehmen.

Sie erwarten Kenntnisse in der Finanzbuchhaltung.

Ich bin zurzeit als Bilanzbuchhalter tätig. Mein Tätigkeitsfeld umfasst die Bereiche Kreditoren, Debitoren, Anlagevermögen, Bearbeitung zweifelhafter Forderungen, Erstellen von Auswertungen, Kontenpflege und Mitarbeit bei der Abschlusserstellung. EDV und PC helfen mir bei meiner Arbeit.

Sie wünschen sich eine kontaktfreudige, gewissenhafte Persönlichkeit.

Ich arbeite gerne im Team und nehme meine Aufgaben ernst.

Sie bieten ein interessantes und abwechslungsreiches Aufgabengebiet.

Ich bin sehr interessiert und freue mich über eine Einladung zu einem Vorstellungsgespräch.

Mit freundlichen Grüßen

Bernd Seiters

Anlagen

BEISPIEL 11: BLINDBEWERBUNG ALS DIPLOMKAUFFRAU

Heike Lüders
Gärtnerstr. 36
27578 Bremerhaven
Tel. 0471/48 46 22
E-Mail:
hlueders@web.de

UNITERM GmbH & Co.
Personalabteilung
Elsa-Brandström-Str. 3

28357 Bremen

5. Februar 2002

Bewerbung als Diplomkauffrau

Sehr geehrte Damen und Herren,

wenn ich Ihre Imageanzeige richtig deute, legen Sie nicht nur Wert auf fachliche, sondern auch auf menschliche Kompetenz. Das hat mich spontan so angesprochen, dass ich mich bei Ihnen bewerben möchte. Da ich nicht weiß, ob Sie überhaupt eine offene Stelle zu besetzen haben und Sie sicherlich ständig viele Bewerbungen lesen müssen, hier zunächst nur eine Kurzbeschreibung:

Ich bin	29 Jahre alt seit drei Monaten Diplomkauffrau offen für Neues und motiviert, meine Fähigkeiten endlich in der Praxis unter Beweis zu stellen
Mein Profil	Berufsausbildung als Bankkauffrau abgeschlossenes Studium der Betriebswirtschaft während des Studiums: dreimonatiges Praktikum im Vertrieb der Supra AG, Mannheim, seit zwei Jahren regelmäßige freie Mitarbeit in einer Promotionagentur
Ich suche	eine interessante und vielseitige Anfangsstellung, vorzugsweise im Bereich Marketing oder Vertrieb.

Wenn Sie jetzt oder in Zukunft eine Möglichkeit für mich in Ihrem Unternehmen sehen, sende ich Ihnen gerne meine vollständigen Bewerbungsunterlagen zu. Zu einem Gespräch bin ich natürlich gerne bereit.

Herzliche Grüße

Heike Lüders

Anlagen

BEISPIEL 12: STADTPLANER

matthias erdmann

ludwigstr. 11
46483 wesel
tel. 02 81/34 75 75
e-mail: erdmann@t-net.de

Planungsbüro Schlömer
Hinter dem Acker 12

47445 Moers

2. April 2002

Bewerbung als „Stadtplaner"

Sehr geehrtes Architektenteam,

such mal wieder, habe ich mir gesagt und las die Stellenanzeigen in der „Bauwelt" auf der Suche nach einer neuen, spannenden Herausforderung. Ihr Angebot ist mir sofort aufgefallen.

Was interessiert Sie nun wohl am meisten? Sicher wollen Sie zunächst wissen, wer ich bin und was ich derzeit mache.
Also gut: Seit fünf Jahren arbeite ich als Stadtplaner bei einer Wohnungsbaugesellschaft in Viersen, wo ich in der technischen Abteilung für den Bereich Planung zuständig bin. Zu meinen Aufgaben gehören Flächenentwicklung durch Erarbeitung von Bebauungskonzepten, Abstimmung und Durchführung geeigneter Planverfahren ebenso wie die Planung im Bestand.

Warum ich mich gerade bei Ihnen bewerbe?
Ihr Angebot spricht mich erstens fachlich und zweitens persönlich an: Weil ich inzwischen im Beruf des Stadtplaners genug Ahnung von der Planung habe, um anspruchsvolle städtebauliche Aufgaben zu lösen. Und weil ich mir eine Tätigkeit in einem jungen, gut eingespielten Team wünsche, in dem auch viel Arbeit noch Spaß macht.

Jetzt fragen Sie vielleicht, was ich Ihnen sonst noch bieten kann.
Zum Beispiel Aufgeschlossenheit gegenüber Bürgern und Architekten, Freude an kreativer und eigenständiger Arbeit. Bei der Entwurfstätigkeit und der Entwicklung städtebaulicher Lösungen schätze ich Computer und Zeichenstift. Ich verfüge über Textverarbeitungs- und CAD-Kenntnisse, gute zeichnerische Fähigkeiten auch freihand.

Wann ich bei Ihnen anfangen könnte?
Wenn Sie sich noch in diesem Quartal für mich entscheiden, könnte ich Ihnen ab Anfang Juli zur Verfügung stehen.

Herzliche Grüße nach Moers

Matthias Erdmann

Anlagen

matthias erdmann

Anlage 1 zur Bewerbung als Stadtplaner

Tätigkeitsprofil

Meine derzeitige Hauptaufgabe liegt in der Flächenentwicklung, von der Klärung der konkreten Bebaubarkeit einzelner Grundstücke bis zur Entwicklung größerer Baugebiete. Je nach Projektumfang arbeite ich dabei selbstständig vom städtebaulichen Entwurf bis zur endgültigen Planfassung oder betreue extern beauftragte Planungs- oder Ingenieurbüros.

In meiner Verantwortung liegen z. B.:
- Erarbeitung von städtebaulichen Entwürfen und Gestaltungsplänen,
- Bebauungsplanentwürfe und Vorbereitung entsprechender Satzungen,
- Abstimmung und Koordinierung bei der Durchführung der Planverfahren, Stellungnahme zu Anregungen und Bedenken aus der Bürger- und Trägerbeteiligung,
- Prüfung der planungsrechtlichen Zulässigkeit von Vorhaben,
- gestalterische Einbindung von Sanierungsmaßnahmen in historischen Siedlungsgebieten,
- Öffentlichkeitsarbeit und Präsentation vor den Gremien von Rat und Verwaltung sowie in Bürgerversammlungen.

Von mir bearbeitete Projekte sind z. B.:
- Aufstellung Bebauungsplan für ein etwa 20 ha großes Wohngebiet, entwickelt aus einem ebenfalls von mir bearbeiteten Rahmenplan,
- städtebaulicher Entwurf für ein inzwischen realisiertes Baugebiet von etwa 3 ha Größe komplett bis zur Baureife,
- Sanierung einer Bergarbeitersiedlung aus der Jahrhundertwende
- Entwurf für einen Vorhabensbezogenen Bebauungsplan,
- Bebauungsplanänderung von der ersten Entwurfsskizze bis zur Rechtskraft.

Wesel, 02. 04. 2002

BEISPIEL 13: SOFTWARE-INGENIEUR

@ Stefan Rohleder · Brückstr. 5 56077 Koblenz

Tel. 02 61/89 56 38
E-Mail: st.rohlehder@web.de

Ernst Baumaschinen GmbH
Herrn Günter Rosenfelder
Wandhofener Str. 2

60596 Frankfurt am Main

22. August 2001

Ihre Anzeige „Software-Ingenieur" in der FAZ vom 15.08.2001

Sehr geehrter Herr Rosenfelder,

Sie haben bestimmt schon zahlreiche Bewerbungen gelesen und fragen sich jetzt: Warum sollte ich gerade Herrn Rohleder einstellen? Ich nennen Ihnen im Folgenden fünf gute Gründe dafür:

1. Ich verfüge über einen Hochschulabschluss in der Fachrichtung Maschinenbau und eine vierjährige Berufserfahrung als Software-Ingenieur bei der Foneto KG, einem Hersteller von Spezialmaschinen für die Produktion von Plastikkarten.

2. In den Bereichen Netzwerke, Client/Server, VMEBus und Datenbanksysteme kenne ich mich daher gut aus. Mein Aufgabenbereich bestand bisher in der Realisierung von technischen Applikationen, basierend auf Multitaskingbetriebssystem (z.B. OS6/68), Programmiersprachen C/C+ + und Assembler (68k).

3. Neben Realisation, Test und Einführung von Software zähle ich auch die Erstellung des Fachkonzepts und den DV-technischen Entwurf zu meinen Stärken.

4. Software-Engineering betrachte ich als Herausforderung, ich interessiere mich aber auch für die „andere Welt".

5. Ich arbeite gerne in einem jungen und dynamischen Team.

Ich bin sicher, dass ich Ihnen den Aufgaben entsprechende Interessen und Erfahrungen bieten kann. Wenn Sie diese Einschätzung teilen, freue ich mich über eine Einladung zu einem persönlichen Gespräch.

Mit freundlichen Grüßen **Anlagen**

Stefan Rohleder

BEISPIEL 14: MASCHINENBAUINGENIEUR

Christian Perkovic
Weckweg 36
69117 Heidelberg
Tel. 0 62 21/31 15 17

14. Mai 2002

Audi AG
Personalwesen
Postfach 20 40

74151 Neckarsulm

Ihre Anzeige in der Süddeutschen Zeitung vom 03. 05. 2002
„Entwicklungsingenieur/-in Karosserie Mechanik"

Sehr geehrte Damen und Herren,

Sie suchen einen Ingenieur für die Entwicklung Ihres neuen Kleinwagens. Ihr Angebot spricht mich an, weil ich ein neues Anwendungsgebiet für meine Kreativität und Problemlösungsfähigkeiten in der technischen Entwicklung suche.

Damit Sie sich ein Bild machen können:

→ Ich bin 37 Jahre alt und seit 7 Jahren als Dipl.-Ing. (Maschinenbau FH) tätig. Zurzeit bin ich als Entwicklungsingenieur Projektmanagement in der Druckgussbranche beschäftigt (Aluminiumdruckgussteile und Kleinkompressoren).
→ Ich verfüge über gute bis sehr gute Englischkenntnisse durch eine mehr als 2-jährige Projektarbeit in einem amerikanischen Konzern der Schnellverschlussbranche und bin erprobt im Umgang mit EDV (auch CAD-Systeme CADDS-4X und LOGO-CAD).
→ Als Angestellter in einem modernen Betrieb ist mir ein ausgeprägtes Kostenbewusstsein bei meiner Arbeit schon seit Jahren selbstverständlich.

Auch das sollten Sie wissen:

→ Sie suchen Ingenieure mit Erfahrung in der Automobilindustrie. Das kann ich Ihnen nicht bieten. Ich traue mir jedoch zu, fehlendes Know-how in kurzer Zeit aufzuarbeiten.
→ Denn das dürfen Sie voraussetzen: Ich bin autobegeistert. Die Mitarbeit bei der Entwicklung eines neuen Fahrzeugtyps erscheint mir als besonders reizvolle Aufgabe.

Ich freue mich, von Ihnen zu hören, und bitte um eine vertrauliche Behandlung dieser Bewerbung.

Mit freundlichen Grüßen

Anlagen

Christian Perkovic

BEISPEIL 15: SEKRETÄRIN

Amelie Grauhoff
Bahnhofstr. 12
36039 Fulda
Tel. 06 61/85 15 73

AST Holding GmbH
Frau Hartleb
Augustinerstr. 57

36040 Fulda

4. Juni 2001

Bewerbung als Sekretärin

Sehr geehrte Frau Hartleb,

Ihr Angebot in der Fuldaer Zeitung interessiert mich sehr. Ich erfülle nicht alle Anforderungen, die Sie nennen, aber die meisten, und was mir fehlt, kann ich in kurzer Zeit lernen. Bitte urteilen Sie selbst:

Kaufmännische Ausbildung: Nach meinem Realschulabschluss habe ich eine Lehre als Bürokauffrau bei der Hibernia AG in Würzburg abgeschlossen.

Sekretariatserfahrung: Seit zehn Jahren bin ich als Sekretärin tätig, seit fünf Jahren in der Rechtsanwaltsgesellschaft Liebermann & Partner. Ich bin daher mit allen üblichen Sekretariatsaufgaben vertraut. Büroorganisation, selbstständiges Erledigen der Korrespondenz, Terminmanagement und die Pflege von Kundenkontakten gehören zu meinen derzeitigen Aufgaben.

PC-Kenntnisse: Ich beherrsche Word für Windows und Excel. Mit Power Point habe ich bisher noch nicht gearbeitet. Da ich aber PC-erfahren bin, traue ich mir ohne weiteres eine schnelle Einarbeitung zu.

Sprachkenntnisse: Sie wünschen sich eine Sekretärin mit sehr guten Englischkenntnissen. Ich spreche zwar – für einen Realschulabschluss – recht gut Englisch, doch ich weiß: Das reicht nicht, wenn ich in meinem Beruf weiterkommen möchte, und das möchte ich. Ich habe mich erkundigt: An der Dekra-Akademie werden ab kommenden Herbst wieder Abendkurse für „Wirtschaftsenglisch“ angeboten. Ich bin bereits angemeldet.

Meine Tätigkeit bei Ihnen könnte ich am 1. August d. J. beginnen. Über eine Einladung zu einem persönlichen Gespräch freue ich mich sehr.

Mit freundlichen Grüßen

Amelie Grauhoff

Anlagen

BEISPIEL 16: EINKÄUFER „UMWELTPRODUKTE"

Jörg Ditfurth
Mariannenstr. 36
79206 Breisach
Tel. 0 76 67/3 47 45
E-Mail: joerg.ditfurth@cityweb.de

Breisach, 7. Oktober 2001

Pelikan Umweltprodukt GmbH
Herrn Torsten Bachmann
Am Graben 15

79110 Freiburg

Bewerbung als Einkäufer „Umweltprodukte" (RP 15.08.2001)

Guten Tag, Herr Bachmann,

also die Idee, als Einkäufer für Ihren Versandkatalog „Pelikan" tätig zu werden, finde ich sehr spannend. Für diese Aufgabe bringe ich

- die notwendige fachliche Qualifikation,
- fünfjährige Berufserfahrung,
- kaufmännisches Denken
- und eine ökologische Grundeinstellung mit.

Abitur, kaufmännische Ausbildung (Industriekaufmann), Sachbearbeiter sind die Stationen meines beruflichen Werdeganges. Ich arbeite jetzt seit zwei Jahren in der Einkaufsabteilung eines Unternehmens der Lebensmittelbranche.

Klar, ich beherrsche die kaufmännischen Grundlagen vom Mahnverfahren bis zur Preisverhandlung. Doch ich bin mir auch sicher, dass ich das erforderliche Gespür für Umweltprodukte und die entsprechende Zielgruppe besitze. Sagen wir's mal so: Ökologie ist mir wichtig, doch ich zähle mich nicht zur Gesundheitslatschenfraktion.

Ach und noch etwas: Von Sachen, die Laune machen, kann ich nie genug bekommen. Okay, manchmal nerve ich meine Kollegen mit meinem steten Bedürfnis, alles gut und schnell zu erledigen. Andererseits bin ich fröhlich und hilfsbereit und passe gut in ein Team, in dem man sich gegenseitig unterstützt.

Na, habe ich Ihr Interesse geweckt? Dann freue ich mich, Sie persönlich kennen zu lernen.

Herzliche Grüße

Jörg Ditfurth

Anlagen

BEISPIEL 17: PRESSEREFERENTIN

Dagmar Moore
Adalbertstr. 35
24109 Kiel

☎ 04 31/57 84 66
@ DaMoore@kielweb.de

Wiemer GmbH
Personalabteilung
New-York-Ring 289

22297 Hamburg

26. März 2002

„Das Bild von einem Unternehmen in der Öffentlichkeit beeinflusst entscheidend dessen Erfolg."

Interview mit der PR-Redakteurin Dagmar Moore

WIEMER: Sie bewerben sich bei uns als PR-Referentin. Was reizt Sie an dieser Position?

MOORE: Bei meiner derzeitigen Arbeit als Redakteurin einer Werkszeitung bin ich auf das Printmedium festgelegt. Die Arbeit als PR-Referentin bietet ein wesentlich vielseitigeres Spektrum an Tätigkeiten. Ich meine zum Beispiel konzeptionelle und organisatorische Aufgaben, wie die Durchführung von Pressekonferenzen oder die Produktion von Informationsmitteln.

WIEMER: Haben Sie denn in diesen Bereichen schon Erfahrung?

MOORE: Während meines Journalistikstudiums habe ich sechs Monate als Werkstudentin in der Öffentlichkeitsarbeit der Provinzial Versicherung mitgearbeitet und u. a. bei Messevorbereitungen und der Konzeption einer Imagobroschüre mitgewirkt.

WIEMER: Wir gehen davon aus, dass Sie redaktionelle Tätigkeiten wie Recherche, Bearbeiten und Verfassen von Texten beherrschen?

MOORE: Sie dürfen erwarten, dass ich sicher und präzise schreibe und redigiere, selbst wenn die Zeit mal drängt. Ich möchte noch hinzufügen, dass ich über gute Englischkenntnisse verfüge, die ich in speziellen Kursen für Wirtschaftsenglisch noch erweitert habe.

WIEMER: Dürfen wir Sie noch um eine kurze Einschätzung der PR bitten?

MOORE: Neben der klassischen Presse- und Informationsarbeit heißt PR, das Unternehmen immer wieder durch einfallsreiche Aktionen in der Öffentlichkeit zu präsentieren. Eine verantwortungsvolle und interessante Tätigkeit, denn das Bild von einem Unternehmen in der Öffentlichkeit beeinflusst entscheidend dessen Erfolg.

WIEMER: Vielen Dank für das Gespräch.

MOORE: Vielen Dank für Ihre Aufmerksamkeit.

Dagmar Moore

BEISPIEL 18: MITARBEITER ORGANISATION

Christian Friederichs • Grafenberger Str. 68 • 60449 Frankfurt/Main • Tel.: 0 69/3 48 58 34

Behring GmbH & Co.
Personalabteilung
Ben-Gurion-Ring 174

60437 Frankfurt/Main

14. Januar 2002

Ihre Anzeige in der FAZ vom 09.01.2002

Sehr geehrte Damen und Herren,

um die ausgeschriebene Position als „Mitarbeiter Organisation" bewerbe ich mich. Sicher haben Sie einige Fragen, damit Sie meine Eignung beurteilen können. Fragen Sie!

? *Warum interessiert Sie die ausgeschriebene Position?*

! Ich sehe in der beschriebenen Aufgabenstellung eine konsequente Fortsetzung meines bisherigen beruflichen Werdeganges. Mein betriebswirtschaftliches Studium und die zweijährige Praxiserfahrung als Betriebswirt im Organisationsbereich EDV bei der Sparkasse Mainz bieten gute Voraussetzungen für einen Start in Ihrem Haus.

? *Kennen Sie sich aus mit den Haken und Ösen der Betriebsorganisation?*

! Ich habe eine konkrete Vorstellung davon, wie man Betriebs- und Fertigungsabläufe auf eine hohe Effizienz trimmt, und weiß, wie man moderne Organisationsansätze in die Praxis umsetzt.

? *Was sind Ihre derzeitigen Aufgaben?*

! Ich analysiere die Betriebsstrukturen und -abläufe, entwickle hierfür – zusammen mit den Anwendern – neue Optimierungskonzepte und setze diese in entsprechende Software-Applikationen um. Ich prüfe und beurteile neue Techniken, Arbeitsverfahren und Organisationsmittel.

? *Unser neuer Mitarbeiter soll Durchsetzungsvermögen und Gewandtheit im Umgang mit Menschen mitbringen. Wie schätzen Sie sich ein?*

! Mir ist bewusst, dass bei der Umsetzung von Organisationsstrukturen immer auch die Bedürfnisse der Betriebsstellen eine wesentliche Rolle spielen. Das nötige Einfühlungsvermögen bringe ich mit, ohne jedoch dabei die Ziele einer effizienten Organisation aus dem Auge zu verlieren.

Gerne beantworte ich weitere Fragen in einem persönlichen Gespräch. Ich danke Ihnen für Ihre Aufmerksamkeit.

Mit freundlichen Grüßen **Anlagen**

Christian Friederichs

BEISPIEL 19: KULTURREFERENTIN

FRAGEBOGEN

Dagmar Hausmann
Bewerbung als Mitarbeiterin
Kultur/Rock/Pop

Die Musikszene kennt sie von beiden Seiten, vor und unter dem Mikrofon. Nach einer Gesangsausbildung an der Staatlichen Musikschule in Berlin/DDR war Dagmar Hausmann jahrelang auf nahezu allen Bühnen, die der Osten Deutschlands zu bieten hatte, lautstark und gefühlvoll zu hören. 1996 wurde die Mutter von „zwei bis vier" Kindern (zwei aus der ersten Ehe ihres Mannes) in München sesshaft, arbeitete zunächst im Kleinkunstcafé „Hörmal", danach als Sachbearbeiterin Werbung. 1998 wechselte sie als Kulturreferentin zu der Festival-, Veranstaltungs- und Management-GmbH, München, wo sie u. a. die Organisation der JAZZ OPEN '99 verantwortlich betreute.

Wann ist eine Kulturveranstaltung eine gute Veranstaltung?
Die richtigen Interpreten zum richtigen Zeitpunkt am richtigen Ort. Das ist das Kunststück. Wenn es gelingt, läuft alles wie von selbst.

Ohne was kommt man als Kulturreferentin nicht aus? *Intuition, Fingerspitzengefühl im Umgang mit Künstlern, Fantasie und Emotionen.*

Welche regelmäßig stattfindende Kulturveranstaltung schätzen Sie besonders? *Das Dixieland-Festival in Dresden.*

Welche Musik hören Sie gerade? *Eva Maria Hagen: „Wenn ich erst mal losleg…", Curtis Mayfield: „New World Order" und abends zur Entspannung Dimitrij Schostakowitsch: „The Dance Album".*

Was ist Ihre Stärke? *Organisationstalent, glaube ich. Fragen Sie meinen Mann!*

Welche Schwäche bekämpfen Sie? *Bei italienischen Gerichten und Süßigkeiten werde ich leider immer wieder schwach.*

Welche Fremdsprachen beherrschen Sie? *Englisch (zu wenig), Russisch (zu viel), Latein (schulbedingt).*

Ihr liebstes Hobby? *Musik hören, Sammeln von alten Büchern, Reisen in exotische Länder.*

Ihr Motto? *Ohne Visionen gibt es keinen Erfolg.*

Dagmar Hausmann

BEISPIEL 20: TRAINER BEI EINEM PHARMAUNTERNEHMEN

Gebrauchsinformation

Bitte aufmerksam lesen!

Anwendungsgebiet
TRAINER

Darreichungsform und Inhalt
33-jähriger Biologe (Diplom) mit fünfjähriger Berufserfahrung als Pharmaberater bei Meditech in Gummersbach

Art der Anwendung
- Außendienst-Vertriebserfahrung: Beratung und Information vorselektierter Ärzte und Apotheker.
- Erfolgsanalysen auf Segments- und Gebietsebene.
- Berufserfahrung als Trainer konnte bisher nicht nachgewiesen werden, jedoch bestehen ausreichende Erfahrungen bei der Organisation und Durchführung von Fortbildungsveranstaltungen zur Vermittlung von aktuellem Know-how. Auch Seminar- und Vortragsfähigkeit wurde bereits erfolgreich erprobt.

Wirkungsweise
Gute analytische Fähigkeiten, das entsprechende Basiswissen im pharmazeutisch-technischen Bereich und Schulungserfahrung sind vorhanden. Aufgrund dieser Wirkstoffkombination kann die Eignung für die Trainertätigkeit vorausgesetzt werden.

Besondere Eigenschaften
Bekannt sind Organisationstalent, gut ausgeprägte Kreativität und Begeisterung für eine neue Aufgabe in der aktiven Aus- und Weiterbildung. Besonders gute Wirksamkeit abseits eingefahrener Wege und verkrusteter Denkweisen.

Nebenwirkungen
In seltenen Fällen wurde das Auftreten von morgendlicher Mufflichkeit beobachtet, das sich jedoch durch ein bis zwei Tassen Kaffee schnell ausgleichen lässt.

Wechselwirkung mit anderen Mitteln
Bei bestimmungsgemäßem Gebrauch sind bisher keine Wechselwirkungen bekannt. Eine gute Verträglichkeit und Teamfähigkeit wurde in jahrelangen Tests nachgewiesen.

Dauer der Anwendung
Kann über mehrere Jahre angewendet werden. Gelegentliche Gehaltserhöhung zum Erhalt der Motivation wird empfohlen.

Zu riesigen Nebenwirkungen fragen Sie Ihren Arzt oder Apotheker oder wenden Sie sich direkt an Stefan Hausner: Tel. 0 89/7 44 02 04 oder E-Mail stefan.hausner@surfeu.de.

Stand der Information
Dezember 2001

Der Lebenslauf

Der Lebenslauf gibt dem Empfänger in übersichtlicher Form Auskunft über Ihren beruflichen Werdegang. Ihre Aufgabe ist es, dafür zu sorgen, dass der Lebenslauf den positiven Eindruck Ihres Anschreibens stützt und mit den anderen Teilen Ihrer Bewerbung ein stimmiges überzeugendes Ganzes ergibt.

Um zunächst einmal mit einem häufigen Missverständnis aufzuräumen: Es gibt nicht den einen, immer passenden Lebenslauf, der – einmal geschrieben – nur noch ausgedruckt und der Bewerbung beigelegt werden muss. Auch beim Lebenslauf gibt es ganz wesentliche Gestaltungsmöglichkeiten, die Sie nutzen können. Ein guter Lebenslauf passt – genau wie das Anschreiben – zu dem jeweils angeschriebenen Unternehmen und zu der angestrebten Position. Anders ausgedrückt: Sie dürfen auch mit dem Lebenslauf Werbung für sich machen!

Die Zusammenstellung der eigenen beruflichen Daten bietet eine gute Grundlage für die Ausgestaltung des Lebenslaufs. Am besten verfassen Sie zunächst eine ausführliche Liste mit allem – wirklich allem, was Ihren bisherigen Werdegang ausmacht: Ausbildungsdaten, Berufspraxis, Auslandsaufenthalte, Fortbildungen, ehrenamtliche Tätigkeiten, Familienaufgaben, Hobbys. Aus diesem Datenfundus können Sie anschließend alle wichtigen Fakten für die angestrebte Position heraussuchen.

Bewährt hat sich die tabellarische Form des Lebenslaufes, da sie gut lesbar ist. Der Leser findet sich schnell darin zurecht und kann gezielt auf Informationen zugreifen, die ihn interessieren. Ihre Aufgabe ist es, das Entscheidende in der richtigen Reihenfolge zusammenzustellen. Ihr Lebenslauf soll Ihre Eignung in kurzer Form widerspiegeln. Inhaltlich behandelt er die Aspekte: Was kann ich und wo befinde ich mich aktuell?

Am wichtigsten ist der rote Faden, den der Personalentscheider finden will. Jeder Arbeitgeber hat eine Idealvorstellung von dem Bewerber, der optimal auf die offene Stelle passt. Je näher Sie mit Ihrem Lebenslauf dieser Idealvorstellung kommen, umso größer werden die Chancen, dass die Entscheidung zu Ihren Gunsten ausfällt. Deshalb muss der Lebenslauf empfängerorientiert informieren und optimal an Ihr Anschreiben und Ihre übrigen Unterlagen angepasst werden. Ihr Lebenslauf und die Mappe müssen rundlaufen!

Das gelingt, wenn Sie sich dabei an den folgenden Erfolgskriterien orientieren:

- übersichtlicher Aufbau
- individuelles Profil
- Lückenlosigkeit

Zu jedem Kriterium erhalten Sie auf den folgenden Seiten handfeste Tipps. Nehmen Sie sich etwas Zeit und betrachten Sie das Verfassen des Lebenslaufes nicht als lästige Pflicht, sondern gestalten Sie ihn bewusst als Trumpfkarte Ihrer Bewerbung.

Das individuelle Profil

Aus Ihrem Lebenslauf versucht der Arbeitgeber herauszulesen, ob Sie für die zu besetzende Position geeignet sind. Sie sollten daher den Lebenslauf mit besonderer Sorgfalt zusammenstellen, um kein Erfolg versprechendes Argument auszulassen. Achten Sie darauf, dass Sie alles erwähnen, was für den Arbeitgeber von Nutzen sein könnte. Bei der Darstellung der beruflichen Praxis können Sie neben den Grunddaten (Name und Ort des Arbeitgebers, Zeitraum und Art der Tätigkeit) in der gebotenen Knappheit weitere Informationen ergänzen, wenn diese auch für die neue Stelle wichtig sind. Das könnte zum Beispiel folgendermaßen aussehen:

10/1998–3/2001	Lagermitarbeiter Aufgaben: Warenannahme und -verteilung, Verpackung, Versand sowie Warenbestellung
oder	
1997–2000	Sohlberg GmbH, Düsseldorf Position: Vertriebs-Sachbearbeiterin Verkauf im Werbegroßhandel, Kundenbetreuung, Marktbeobachtung, Messeausrichtung

Als Berufsanfänger können Sie in ähnlicher Weise Ihre Ausbildung durch passende Zusatzinformationen wie inhaltliche Schwerpunkte oder gute Abschlussnoten aufwerten. Zum Beispiel:

9/1999–4/2002	Kaufmännische Lehre im Groß- und Außenhandel Prüfung bei der IHK Bremen (Note: 1,3)
oder	
April 1993 bis Feb. 2001	Sozialwissenschaften an der Ruhr-Universität Bochum Schwerpunkte: Stadt- und Regionalsoziologie, Arbeitssoziologie Diplomarbeit: „Stadtteilladen ‚Sonnenblume' – gesellschaftliche und lokale Prämissen. Arbeitsmigration in der BRD am Beispiel eines Stadtteils."

Über diese Pflichtkomponenten hinaus können Sie alles aufnehmen, was in einem sinnvollen Zusammenhang mit dem Wunschjob steht. Listen Sie aber bitte nicht alle Praktika und Seminare auf, die Sie irgendwann einmal absolviert haben. Dann wirkt Ihr Lebenslauf überfrachtet und sorgt eher für Verwirrung. Denken Sie immer daran: Sie wollen dem Empfänger Argumente liefern, weshalb er Sie einstellen soll. Wenn Sie sich beispielsweise als Grafiker bewerben, ist es sicher nicht von Interesse, wenn Sie im Kirchenchor singen. Ist jedoch bei einer Stelle in einem Musikverlag Musikalität gefragt, liegen Sie mit dem Kirchenchor gar nicht so falsch und sollten das als Zusatzplus im Lebenslauf unbedingt nennen. Ein anderes Beispiel: Nennt der Arbeitgeber in der Anzeige Computerkenntnisse als wünschenswert, dann sollten Sie diesem Punkt in Ihrem Lebenslauf besondere Aufmerksamkeit widmen und detailliert die Ihnen bekannten Programme und Sprachen auflisten, ebenso die Computerkurse, die Sie besucht haben, um auf dem Laufenden zu sein. Legt er Wert auf Auslandserfahrungen, sollten Sie Ihre Auslandaufenthalte nicht unerwähnt lassen und – wenn Sie Entsprechendes vorzuweisen haben – dieses Thema evtl. in einem eigenen Unterpunkt behandeln.

Machen Sie sich ruhig auch einmal frei von dem starren und langweiligen Aufbauschema des Lebenslaufs. Warum nicht einmal seinen Lebenslauf mit einem Zitat anfangen lassen oder zunächst über persönliche Schwerpunkte oder berufliche Vorlieben berichten, die natürlich etwas über Ihre Eignung (ein ganz zentraler Punkt!) aussagen? Was Sie wann gemacht haben, liest sich eventuell spannender, nachdem man bereits etwas Unerwartetes über Sie erfahren hat.

Es wird immer angenehm auffallen, wenn Sie im Lebenslauf deutlich machen, dass Sie einen Blick für das Wesentliche haben. Und natürlich heben Sie nur Dinge hervor, die auch Substanz haben und über die Sie ausführlich Auskunft geben können. In einem Vorstellungsgespräch werden Sie möglicherweise darauf angesprochen.

Umgang mit Schwachstellen

Nicht immer lässt sich der Lebenslauf so ohne weiteres an die Ansprüche der Unternehmen anpassen. Aus der Sicht der Personalfachleute ist ein überzeugender Lebenslauf möglichst lückenlos und zeigt, dass ein Bewerber geradlinig und schlüssig seinen beruflichen Weg verfolgt hat. Zeigen sich dagegen im Lebenslauf auffällig häufige Wechsel, vermutet man Sprunghaftigkeit, seltene Wechsel könnten auf mangelnde Flexibilität hindeuten. Besonders unangenehm fallen zeitliche Lücken auf.

Bei der Abfassung des Lebenslaufes wird es also immer dann heikel, wenn nicht alles so erfolgreich und ohne Stolpersteine abgelaufen ist. Was also tun mit solchen „Unebenheiten“, die nicht so richtig in das Bild passen wollen, das man vermitteln möchte? Die Frage ist nicht ganz einfach zu beantworten und es gehören ein wenig Kreativität und Fingerspitzengefühl dazu, mit solchen Schwachstellen im Lebenslauf umzugehen. Versuchen Sie keinesfalls, die eigenen Daten zu frisieren oder offensichtliche Lücken einfach wegzulassen. Etwas Kosmetik darf natürlich sein. Die Devise lautet: Man muss nicht alles angeben, was wahr ist. Aber was man angibt, muss wahr sein. Manchmal kann man sich schon damit behelfen, dass man etwas ungenauere Datumsangaben wählt. Zwischen dem Zeitraum 1993–1996 und dem anschließenden 1996–2001 kann sich durchaus eine Fehlzeit von mehreren Monaten verbergen. Man sollte sich allerdings darüber im Klaren sein, dass Arbeitszeugnisse eine gewisse Kontrollmöglichkeit bieten und aufmerksame Leser den Trick schnell durchschauen.

Besser ist es meist, die Ausfallzeiten offen anzugeben. Wer z. B. nicht gleich nach der Schule eine Ausbildung gefunden hat oder erstmal gejobbt hat, kann das als „Orientierungsphase“ angeben. Als weitere „Lückenfüller“ eignen sich: lange Auslandsaufenthalte, Kindererziehungszeiten, Pflege erkrankter Angehöriger u. Ä. Sind Sie unverschuldet arbeitslos gewesen, fügen Sie diese Information mit ein, z. B. „arbeitslos nach betriebsbedingter Kündigung“. Für Arbeitslosigkeit und andere Zeiten der Erwerbslosigkeit ist es gut, wenn Sie Zusatzqualifikationen angeben können, die Sie in dieser Zeit erworben haben (und auch nachweisen können), z. B. Sprachkurse, ehrenamtliche Tätigkeiten, Aushilfsjobs oder Studium von Fachliteratur oder Beschäftigung mit Computerprogrammen. Die meisten Arbeitgeber wissen es zu würdigen, wenn Sie in der erwerbslosen Zeit aktiv geworden sind. Achtung: Kenntnisse anzugeben, die man nicht hat, bedeutet arglistig zu täuschen.

Andererseits erwartet kein Personalchef im Lebenslauf ausführliche Geständnisse über berufliche Niederlagen. Wichtig ist, dass Sie sich bei den weniger positiven Punkten in Ihrem Lebenslauf knapp fassen und zum Ausgleich die positiven Aspekte stärker hervorheben, besonders jene, die Ihre Eignung für diesen bestimmten Arbeitsplatz unterstreichen.

Aufbau und Gestaltung

Bei der Beurteilung des Lebenslaufs zählt nicht nur der Inhalt. Unterschätzen Sie dabei nicht die Wirkung, die von der Optik ausgeht. Wichtig: Der Aufbau muss logisch und übersichtlich sein. Zeigen Sie dem Leser durch eine angenehme Verpackung: Dieser Lebenslauf ist schnell und einfach zu verstehen.

Sie haben grundsätzlich zwei Möglichkeiten, Ihren tabellarischen Lebenslauf chronologisch zu gliedern: Sie können die einzelnen Stationen in aufsteigender Folge, beginnend mit der Schule, auflisten oder in absteigender Folge. Die erste Variante ist die bisher übliche Vorgehensweise. Die zweite, amerikanische Form setzt sich aber auch hierzulande zunehmend durch. Danach beschreiben Sie Ihren Werdegang vom aktuellen Zeitpunkt an rückwärts. Das hat den Vorteil, dass der Arbeitgeber gleich die aktuellen und wichtigen Informationen präsentiert bekommt, statt Ihren lange zurückliegenden Schulbesuch. Diese Variante ist besonders für Stellenbewerber mit Berufspraxis zu empfehlen. Für welche Variante Sie sich auch entscheiden: Wichtig ist eine klare Struktur und eine deutliche Untergliederung. Punkte, die dabei immer vorkommen sollten:

- Angaben zur Person
- Schule und Ausbildung
- Berufserfahrung

Weitere erworbene Kenntnisse können sich darüber hinaus noch unter dem Stichpunkt „Sonstiges“ zusammenfassen. Gibt es Ausführlicheres zu Ihren Zusatzqualifikationen mitzuteilen, können Extra-Stichpunkte sinnvoll sein. Zum Beispiel:

- Fortbildung
- studienbegleitende Praktika
- EDV-Kenntnisse
- Veröffentlichungen
- außerberufliche Aktivitäten
- Hobbys

Probieren Sie ruhig aus, wie Sie sich am besten ins rechte Licht rücken können oder welche Art der Gliederung Ihre Stärken am besten betont.

Wichtig für den Gesamteindruck ist ein großzügiges Schriftbild. Das klappt mit großzügig gewählten Zeilenabständen und einer deutlichen Untergliederung mit Zwischenüberschriften. Für die Länge gilt als Faustregel: nicht mehr als zwei Seiten.

Sie haben bereits im Kapitel über das Anschreiben einiges über die Gestaltungsmöglichkeiten erfahren (siehe Seite 34 ff.). Diese Überlegungen lassen sich auch auf den Lebenslauf übertragen. Generell gilt auch hier: Gehen Sie mit Hervorhebungen sparsam um. Sehen Sie sich Ihren Lebenslauf in der Seitenansicht auf dem Bildschirm oder ausgedruckt gut an. Entscheidende Informationen sollen nicht untergehen, Ihr Leser soll auf Anhieb die Struktur erkennen können. Ist die Gestaltung gelungen, ergibt sie ein angenehmes Bild – kein Wirrwarr. Probieren Sie Alternativen aus, wenn Sie unsicher sind: Fettdruck statt Unterstreichungen, größere Abstände zwischen den einzelnen Berufsstationen u. Ä.

UNSER TIPP

- Orientieren Sie sich bei der Wahl der Schrift und Schriftgröße an Ihrem Anschreiben.
- Möglichkeiten der Hervorhebung sind: Spiegelstriche, Einrücken, Fettdruck und Unterstreichungen.
- Betonen Sie nur die übergeordneten Gliederungspunkte durch Hervorheben.

BEISPIEL 1: LEBENSLAUF

Ralf Karmann
Franz-Zink-Straße 6
46047 Oberhausen

geboren am 6. September 1966
verheiratet, 2 Kinder

LEBENSLAUF

BERUFLICHER WERDEGANG

seit 12/99	Stadtplaner und Projektentwickler bei der LEV Stadtentwicklungsgesellschaft mbH, Duisburg
10/97–11/99	Städtebauliches Referendariat, Vorbereitungsdienst für den höheren bautechnischen Verwaltungsdienst, Kommunale Ausbildungsphase: Stadt Köln – Bauassessor
2/96–9/97	Stadtplaner bei Bau und Plan, Dortmund

SCHULE UND AUSBILDUNG

10/93–9/95	Vertiefungsstudium Städtebau an der Universität Gesamthochschule Kassel, Abschluss: Diplom II
10/87–7/92	Studium der Stadtplanung an der Gesamthochschule Kassel, Abschluss: Diplom I
10/85–5/87	Zivildienst in der kath. Jugendbildungsstätte St. Josef in Düsseldorf
1976–1985	Gymnasium Schillerstraße in Düsseldorf, Abschluss: Abitur
1972–1976	Grundschule in Düsseldorf

PRAKTIKA UND NEBENTÄTIGKEITEN

8/93 und 10/93–11/94	Freie Mitarbeit bei der Planungsgruppe Süd PTG, Stadt- und Verkehrsplanung, Kommunalberatung, Düsseldorf
10/92–6/93	Stadtplaner bei Prof. P. Bernburg im Architekturbüro Bernburg & Bach, Rostock
2/90–6/90	Berufspraktische Studien 2 bei Prof. Ernst in der Planungsgruppe Ernst, Göbel, Schrey & Partner in Aachen
10/88–2/89	Berufspraktische Studien 1 im Stadtplanungsamt Dortmund

SONSTIGES

EDV	MS-Office-Anwendungen, CAD-Kenntnisse (Nemetscheck AllPlan), Coreldraw
Sprachen	Englisch (gut), Französisch (Grundkenntnisse)
Führerschein	Klasse 3
Hobbys	Reisen nach Schweden, Doppelkopf spielen, Rad fahren

ZU MEINEN BERUFLICHEN ERFAHRUNGEN

Im Bereich Projektentwicklung verfüge ich über gute Voraussetzungen, um auch anspruchsvolle Aufgaben zu bewältigen.

Folgende Erfahrungen dürfen Sie voraussetzen:
Projektsteuerung, Abstimmung mit Kommunalverwaltungen (als Auftraggeber) und Behörden, Präsentation in Ausschüssen, Aufstellung von Förderanträgen, Erstellung von Kosten- und Finanzierungsübersichten, Erarbeitung von Zeit- und Maßnahmeplänen, Mitwirkung bei Vergabe und Abrechnung von Planungs- und Bauleistungen sowie von Fachgutachten, Beteiligung bei Erwerb und Bewirtschaftung von Liegenschaften, Mitwirkung bei der Akquisition.

Oberhausen, 15. März 2002

Ralf Karmann

BEISPIEL 2: LEBENSLAUF

Lebenslauf

Karin Liebermann
Frank-Riehl-Str. 18
45128 Essen

Persönliches

Geburtsdatum	21. April 1960
Geburtsort	Frankfurt
Familienstand	verheiratet, ein Kind

Schule und Ausbildung

April 1966–Juli 1970	Grundschule in Frankfurt
Juli 1970–Mai 1979	Geschwister-Scholl-Gymnasium, Frankfurt, Abschluss: Abitur
September 1979–April 1982	Ausbildung zur Bankkauffrau bei der Stadtsparkasse Frankfurt

Weiterbildung

April 1985–Juli 1986	Ausbildung zur Marketing- und Vertriebsökonomin an der VWA Verwaltungs- und Wirtschaftsakademie, Frankfurt
1983–1995	Firmeninterne Weiterbildungen: • PC/EDV: Word, Excel, PageMaker • Arbeitstechniken: Präsentation/Moderation, Zeitmanagement, Techniken der Teamarbeit
1992–1993	Abendkurs Spanisch, Berlitz-Sprachenschule
1996	Präsentation und Projektvorstellung, 1-wöchiges Seminar, ÖVHP Consulting GmbH, Bonn
1995 bis heute	Fernstudium an der Fernuniversität Hagen, Fachrichtung: Wirtschaftswissenschaften

Berufliche Laufbahn

April 1982–Juni 1983	Stadtsparkasse Frankfurt, Kreditsachbearbeiterin
Juli 1983–Mai 1995	Colonia Versicherung, Frankfurt Aufgabengebiete: Schadenregulierung Unfall, Versicherungstechnik Unfall, Produktmanagement Unfall
während dieser Zeit:	1985–1986 Erziehungsurlaub 1986–1987 teilzeitbeschäftigt
Juni 1995–heute	Agrippa Versicherung, Außenstelle Köln, Aufgabengebiete: Verkaufsförderung, zuständig für Sachversicherungen

Sonstiges

Sprachkenntnisse	Englisch, verhandlungssicher Französisch, Grundkenntnisse, Spanisch, Grundkenntnisse
EDV	MS-Office-Anwendungen: Textverarbeitung, Tabellenkalkulation, Präsentationsgrafik
Führerschein	Klasse 3

Essen, 15. Mai 2002

Karin Liebermann

BEISPIEL 3: LEBENSLAUF

Annegret Berger
Personalreferentin
geb. am 07.10.1970

Ich weiß: Mitarbeiter sind das wichtigste Kapital eines Unternehmens und die Basis für Erfolg und Wachstum. Mein eigenes Persönlichkeitsprofil möchte ich so beschreiben:

- Ich bin bestrebt, meinen eigenen Horizont zu erweitern.
- Ich stelle an mich und andere sicher hohe Ansprüche, bin aber auch tolerant und liberal.
- Wichtig ist mir ein gutes Betriebsklima, in dem Positives wie Negatives offen ausgesprochen wird.
- Ich arbeite gerne mit Kollegen, die sich untereinander austauschen und dabei neue Ideen entwickeln.
- Ebenso wichtig ist es mir, als Impulsgeberin selber aktiv zu werden und mit eigenen Ideen zu gestalten.

Beruflicher Werdegang

seit 2000	Personalreferentin, Roland Fischer Consulting
1998 bis 2000	Personalsachbearbeiterin, Brause Fahrzeugtechnik GmbH
1997 bis 1998	Mitarbeiterin, Anderson Personalberatung, Frankfurt

Praktika

1995 bis 1997	Freie Mitarbeit bei Anderson Personalberatung, Frankfurt
1994	Praktikum bei Martin GmbH, Darmstadt, Marketingabteilung

Schul- und Berufsausbildung

1990 bis 1997	Studium der Betriebswirtschaft, Universität Frankfurt Schwerpunkte: Personal und Logistik
1985 bis 1989	Johannes-Lindhorst-Gymnasium, Kassel
1980 bis 1985	Albert-Schweitzer-Realschule, Kassel
1976 bis 1980	Grundschule in Kassel

Fachliche Voraussetzungen

1–3 = sehr gute bis befriedigende Kenntnisse
4 = Grundkenntnisse

	1	2	3	4
AC-Center	x			
E-Cruiting				x
Ideenmanagement		x		
Arbeits- und Steuerrecht		x		
Lohn- und Gehaltsabrechnung		x		
Englisch		x		
Französisch				x
Word/Windows	x			
Excel		x		
Powerpoint			x	

Frankfurt, 14.03.2002

Annegret Berger

Kreative Bewerbungsstrategien

Nicht immer reicht das Verschicken von Bewerbungsmappen, um an den begehrten Arbeitsplatz zu kommen, besonders wenn viele Bewerber ins Rennen gehen. Denn Bewerben kommt von Werbung – manchmal muss man sich auch gut verkaufen können, um seine Qualitäten an den Mann zu bringen.

Worauf es dabei ankommt, ist die pfiffige Idee in Verbindung mit der anvisierten Stelle und dem Unternehmen. Natürlich sind ungewöhnliche Bewerbungen besonders in kreativen Branchen, bei Marketingfachleuten, Grafik-Designern oder Werbetextern, gefragt. Wer kreativ arbeiten will, darf und sollte seinen Ideenreichtum schon mit der Bewerbung zeigen. Aber auch in anderen Branchen haben Bewerber mit ungewöhnlichen Strategien schon Erfolg gehabt. Die folgenden Ideen und Beispiele sind ein buntes Sammelsurium aus der Trickkiste der Stellungssuchenden. Lassen Sie sich anregen, wenn Sie Ihrer Bewerbung mehr Nachdruck verleihen wollen.

INFO

Welche Fehler Sie vermeiden sollten

Wer originell sein möchte, kann unbeabsichtigt schon einmal über das Ziel hinausschießen und als belästigend oder lächerlich empfunden werden. Man sollte daher darauf achten, dass man die Spielregeln nicht verletzt, indem man beispielsweise

- bewusst falsche oder irreführende Informationen gibt,
- überzogene Erwartungen weckt,
- Versprechungen macht, die man nicht halten kann,
- sich selbst oder den Empfänger übertrieben hoch lobt,
- sich dem Empfänger zu aggressiv anbietet,
- eine ästhetisch fragwürdige Aufmachung präsentiert.

Direktmailing

Zu den beliebtesten und erfolgreichsten Werbestrategien gehört das Direktmailing, das sich auch für eine Bewerbung sinnvoll nutzen lässt. Darunter versteht man in der Werbung einen Brief, der an möglichst viele Adressaten versandt wird, um auf ein Produkt oder eine Leistung aufmerksam zu machen. Übertragen auf den Bewerbungsvorgang handelt es sich um eine Art Bewerbungsrundschreiben an viele mögliche Arbeitgeber. Das Ziel Ihrer Bewerbung ist es in beiden Fällen, so viele potenzielle Arbeitgeber wie möglich zu erreichen. Nun wird in (fast) allen Bewerbungsratgebern vor Massenschreiben gewarnt. Aber eine ungewöhnliche Situation, sprich ein enger Arbeitsmarkt, rechtfertigt ungewöhnliche Maßnahmen. Wenn Sie nicht wochen- oder sogar monatelang auf die passende Stellenanzeige in der Zeitung warten möchten, ist ein Bewerbungsmailing eine gute Möglichkeit, selbst aktiv zu werden.

Da Sie das Anschreiben in diesem Fall nicht individuell auf jeden Empfänger abstimmen können, ist eine überzeugende Aufmachung besonders wichtig. Es muss Ihnen gelingen, den potenziellen Arbeitgeber schon mit der Einleitung neugierig zu machen, damit er Ihren Brief aufmerksam liest. Wichtig: Halten Sie sich kurz und bündig. Zeigen Sie pointiert die wichtigsten Vorteile auf, die für den Arbeitgeber interessant sind. Bieten Sie an, ausführlichere Informationen auf Anfrage zu schicken.

Erhoffen Sie sich aber von einem Bewerbungsmailing keine Wunder. In der Werbung geht man von Rücklaufquoten zwischen zwei und fünf Prozent aus. Das bedeutet rein rechnerisch, dass sich bei hundert verschickten Briefen voraussichtlich nur zwei bis fünf Unternehmen melden, die ein Interesse an Ihnen und Ihren Qualifikationen zeigen.

UNSER TIPP

Sie können die Rücklaufquote erhöhen, wenn Sie Ihrem Mailing oder Ihrem Flyer eine Rückantwortkarte beifügen (siehe Seite 102 f.).

Folder

Der Folder ist ein wunderbares Medium, um Ihr persönliches Arbeitsangebot möglichen Interessenten zugänglich zu machen. Inhaltlich und formal ist er dem Direktmailing ähnlich. In beiden Fällen geht es darum, eine möglichst große Anzahl von Firmen zu erreichen. Jedoch wird der Folder nicht verschickt, sondern persönlich verteilt.

Für den Inhalt gilt auch hier als Regel Nummer eins: Fassen Sie sich kurz. Die Überschrift ist das Erste, was ein potenzieller Interessent zu Gesicht bekommt. Sorgen Sie dafür, dass es nicht auch das Letzte ist, was er sich ansieht. Allgemeine Formulierungen wie „Suche Job" helfen hier nicht weiter. Die wichtigsten Angaben zu Ihrer Person – der eigene Beruf sowie Ihre besonderen Merkmale oder Fachkenntnisse – müssen auf jeden Fall genannt sein. Da Sie nicht genau wissen, wer Ihren Folder zu sehen bekommt, sollten Sie vorsichtshalber lieber keine persönlichen Daten wie z. B. Ihren derzeitigen Arbeitgeber oder Ihr Geburtsdatum veröffentlichen.

Für den Erfolg ist vor allem die Wahl der Empfänger wichtig. Folder haben sich beispielsweise im Rahmen von Recruitingmessen bewährt, die speziell mit dem Ziel veranstaltet werden, Firmen mit dem Nachwuchs zusammenzubringen. Aber natürlich bieten alle Fachmessen, branchenspezifische Seminare und Kongresse u. Ä. ebenfalls ein geeignetes Umfeld, um einen Folder zu verteilen.

Rückantwortkarte

In der Werbung sind Antwortkarten ein beliebtes Mittel, um dem potenziellen Kunden eine zeitsparende Reaktion auf ein Angebot zu ermöglichen. Auch Sie können dieses Medium für Ihre Zwecke einsetzen, wenn Sie nach Versand der Bewerbung nicht wochenlang auf eine Antwort warten wollen. Machen Sie dem Arbeitgeber die Kontaktaufnahme mit Ihnen so einfach wie möglich. Legen Sie der Bewerbung eine mit Ihrer Anschrift versehene Antwortkarte bei. Eine einfache Blankopostkarte erfüllt bereits den Zweck. Wenn Sie die Antwortkarte vorab frankieren, können Sie die Wahrscheinlichkeit erhöhen, die gewünschte Antwort recht schnell zu erhalten.

Natürlich könnten Sie die Karte nur als schlichte Eingangsbestätigung Ihrer Bewerbung verwenden. Aber das hieße, eine wertvolle Chance zu verschenken. Besser ist es, wenn Sie die Karte dazu nutzen, eine erste Beurteilung Ihrer Bewerbung zu erhalten. Auch hier sollten Sie es dem Unternehmen so einfach wie möglich machen, indem Sie einen Auswahltext einsetzen. Versehen Sie dazu jede einzelne Antwort mit einem Ankreuzfeld. Der Empfänger braucht den jeweils zutreffenden Text nur noch auszuwählen. Ihre Antwortkarte lädt also geradezu zur Rückantwort ein, denn sie macht wenig Arbeit.

UNSER TIPP

Am besten sehen Sie auch ein Ankreuzfeld für einen Vorschlag des Adressaten vor. Selbst wenn Sie glauben, alle Möglichkeiten seiner Antwort erfasst zu haben, kann es immer den Fall geben, dass der Empfänger Ihnen noch etwas anderes mitteilen möchte.

Unbedingt empfehlenswert ist eine Antwortkarte, wenn Sie ein Direktmailing oder eine Kurzbewerbung verschicken. Sie dient in diesem Fall zur Anforderung Ihrer vollständigen Bewerbungsunterlagen. Sie ermöglichen damit den Personalleuten, ohne Zeitaufwand mehr über Sie zu erfahren, und Sie ersparen ihnen die Arbeit, die es machen würde, erst anzurufen oder einen Brief zu schreiben. Die Erfahrung zeigt, dass die Verantwortlichen diese Mühe oft scheuen, besonders wenn es an passenden Bewerbern nicht mangelt.

Plakatbewerbung

Eine Plakatwand mit einer Bewerbung? Auffälliger und größer können Sie kaum auf Ihre Stellungsuche aufmerksam machen. Mit dieser Form der Bewerbung sichern Sie sich auf jeden Fall den Bonus der Überraschung, denn sie ist besonders ungewöhnlich und selten.

Für den Erfolg einer Plakataktion ist vor allem die Standortfrage von Bedeutung. An belebten Orten können Sie mit Ihrer Plakatbewerbung eine gute Wirkung erzielen. Ungünstig sind Plakatwände an stark befahrenen Straßen, wo Ihre Botschaft nur im Vorbeifahren wahrgenommen wird. Achten Sie darauf, dass die Passanten davor stehen bleiben und sich gegebenenfalls Ihre Telefonnummer oder Anschrift notieren können.

Plakatwände werden von speziellen Firmen vermietet. Um sie ausfindig zu machen, gibt es zwei Möglichkeiten. Häufig sind die Plakatwände mit den Namen der Vermietfirmen gekennzeichnet: Wenn Sie sich also eine passende Plakatwand an einem belebten Ort ausgesucht haben, brauchen Sie nur unter den entsprechenden Namen im Telefonbuch nachzuschlagen. Als weitere Möglichkeit bietet sich der Blick in die Gelben Seiten an, hier unter dem Stichwort „Werbung“. Die Plakatierungsfirmen verbergen sich meistens hinter Bezeichnungen wie „Außenwerbung“, „Plakatanschlag“ oder „Stadtreklame“. Sie können bei diesen Firmen einzelne Plakatwände dekadenweise anmieten, eine Dekade umfasst jeweils zehn oder elf Tage. Die Preise liegen je nach Standort zwischen 5 und 10 Euro pro Tag. Frühzeitiges Anfragen ist wichtig, da die Buchungen für begehrte Standorte oft Wochen oder sogar Monate im Voraus vorgenommen werden. Zu dem von Ihnen gemieteten Zeitpunkt wird die Werbefläche von der Firma weiß abgeklebt. Bei größeren Plakatierungsfirmen können Sie mit etwas Glück auch einen farbigen Untergrund bekommen. Gelb und Rot haben die beste Signalwirkung.

Jetzt fehlt nur noch Ihre Be-Werbebotschaft. Da der Druck eines einzelnen Plakates unverhältnismäßig teuer ist, liegt die Gestaltung der Plakatwand jetzt bei Ihnen. Besonders kostengünstig wird es, wenn Sie zur Sprühdose greifen. Allerdings ist die Beschriftung einer so großformatigen Fläche nicht ganz einfach. Fragen Sie nach, ob man Ihnen vorab ein weißes Plakat zur Verfügung stellt. Sie können es dann in aller Ruhe zu Hause gestalten und anschließend zu der Werbefirma bringen, die es dann für Sie anklebt.

Wenn Sie Wert auf gedruckte Schrift legen, gibt es noch eine weitere bezahlbare Möglichkeit: selbstklebende Schriftfolien. Sie werden von Unternehmen hergestellt, die Werbebeschriftungen machen. Dazu geben Sie dem Unternehmen die Größe der Plakatwand und die Anordnung des Textes an, damit die Schriftgröße abgestimmt werden kann. Achten Sie beim Anbringen darauf, dass die Schrift gerade klebt. Wasserwaage mitnehmen!

Für Form und Inhalt Ihrer Suchbotschaft gelten im Wesentlichen die gleichen Grundregeln wie für eine Stellensuchanzeige, die ja auch nichts anderes ist, als eine Werbung um einen Arbeitsplatz. Besonders wichtig ist bei einer Plakatbewerbung eine aufmerksamkeitsstarke Überschrift. Aus ihr sollte bereits hervorgehen, dass es sich um ein Stellengesuch handelt. Schreiben Sie die Überschrift besonders groß auf Ihr Plakat, damit man sie auch im Vorübergehen, auch aus der Entfernung wahrnehmen kann. So erreichen Sie, dass Passanten auf Ihre Botschaft aufmerksam werden und stehen bleiben, um sie zu lesen. Ihr Stellengesuch sollte außerdem enthalten:

- Ihre genaue Berufsbezeichnung,
- Ihr Alter,
- wichtige Kenntnisse und Fähigkeiten,
- den exakt gesuchten Aufgabenbereich.

Zum Schluss folgt Ihre Telefonnummer oder E-Mail-Adresse. Falls Sie keine privaten Daten nennen möchten, können Sie auch für die Dauer Ihrer Plakataktion ein Postfach mieten. Zwei Textbeispiele:

Sie suchen eine Industriekauffrau?
Sachbearbeiterin, 33 Jahre, flexibel und belastbar, möchte sich beruflich verändern.
Ich biete
langjährige Berufserfahrung
perfekte PC-Kenntnisse (Winword, Excel, SAP R/3, Access)
gute Englischkenntnisse
und **Ihnen meine tatkräftige Unterstützung.**
Zuschriften erbeten unter Postfach 27 83, 44147 Dortmund

Ehrgeiziger Abiturient sucht Ausbildungsplatz

Mein Ziel:	Ein Ausbildungsplatz auf dem Gebiet EDV, Informatik, Netzwerk bzw. alles, was mit Computern zusammenhängt.
Meine Stärken:	Mathematik, Informatik
Meine Schwächen:	schwäbischer Dialekt (noch!!)
Mein Alter:	19 Jahre

Ich freue mich auf Ihr Angebot:
Markus.Werner@t-online.de

Bewerbung im Team

Die Konkurrenz im Kampf um einen Arbeitsplatz ist groß. Und so kommt es in der Praxis nicht selten vor, dass Stellungssuchende ihre Mitbewerber persönlich kennen. Das trifft beispielsweise häufig bei Studienabgängern eines Studiengangs und Absolventen einer Weiterbildung oder Umschulung zu. Statt sich einzeln bei den in Frage kommenden Arbeitgebern zu bewerben, bietet sich in so einem Fall als Alternative die Bewerbung im Team an. Das klingt zunächst ungewöhnlich, ist es aber im Grunde genommen nicht. Warum sollten zwei Bewerber als Konkurrenten auftreten, wenn sie sich gut kennen? Und wird nicht Teamfähigkeit in immer mehr Stellenangeboten von den zukünftigen Mitarbeitern gefordert? Wenn Sie sich zu zweit bewerben, können Sie zeigen, dass sie zur Teamarbeit fähig und bereit sind.

Kernstück einer solchen „Bewerbung im Doppelpack" ist das gemeinsame Anschreiben. Machen Sie deutlich, dass Sie natürlich gemeinsam, aber auch einzeln an einer Anstellung interessiert sind. Damit beide Persönlichkeiten und Qualifikationen deutlich herauskommen, sollten Sie zwei getrennte Mappen mit Lebensläufen und Zeugnissen beilegen.

Sammelbewerbung

Eine Sonderform der Teambewerbung ist das Sammelanschreiben vieler Bewerber mit gleicher Ausbildung. Es eignet sich beispielsweise für Abgangsklassen einer Aus- oder Fortbildung. Bei der Weiterbildungseinrichtung der Klett-Verlage Klett WBS in Stuttgart wird diese Form der Bewerbung immer wieder mal praktiziert. Es entstehen ansprechende Sammelbewerbungen, die an mögliche Arbeitgeber versandt werden. Die Broschüre „PoRträts 95" des Klett-WBS-Kurses „PR-Referent/in" beispielsweise enthielt detaillierte Informationen über die Ausbildungsinhalte der Weiterbildung und Kurzporträts jedes Absolventen. Neben den wichtigsten Daten des Lebenslaufs, Foto und Unterschrift vermittelt vor allem ein jeweils persönlich verfasster Text einen guten ersten Eindruck von den beruflichen Vorstellungen der einzelnen Kursteilnehmer.

Natürlich kann diese Form der Bewerbung eine eigene individuelle Bewerbungsstrategie nicht ersetzen. Als unterstützende Maßnahme bei den Bewerbungsaktivitäten ist sie jedoch sinnvoll und kann durchaus zum Erfolg führen. Ein Personalchef, der eine Stelle zu besetzen hat, wird – statt eine kostenintensive Anzeige zu schalten – gerne auf die Broschüre zurückgreifen, wenn ihm einer der Bewerber geeignet erscheint.

Zugabetaktik

Manche Bewerbungen vertragen Beigaben, die sich auf den Text beziehen oder auf den Empfänger verweisen. Eine witzige Zugabe zur Bewerbung kann helfen, sich im Kampf um den Job gegen die Mitbewerber abzugrenzen. Wenn der Rest der Unterlagen komplett und gut ist, können Sie sich zumindest den Bonus der Überraschung sichern. Wichtig ist die individuelle Idee. Es liegt an Ihnen herauszufinden, was in Ihrer Branche machbar ist.

Die „klassische" Zugabe zur Bewerbung ist die Arbeitsprobe, die in kreativen Branchen oft etwas aufwendiger ausfällt. So ließ eine Grafikstudentin Dias von ihren Arbeiten in einen Viewmaster einbauen und erzielte damit einen großen Aufmerksamkeitserfolg. Ein Architekt, der unbedingt einen Praktikumsplatz in New York ergattern wollte – und auch erhielt –, integrierte Mittelformat-Dias von Arbeitsproben in einen selbst gebauten Leuchtkasten. Die Empfänger brauchten nur den Stecker in die Steckdose zu stecken. Beim Öffnen des Deckels ging die eingebaute Lampe automatisch an und präsentierte die Bilder der Arbeitsproben im besten Licht.

Um beim Empfänger Ihrer Zugabe Pluspunkte zu sammeln, kommt es immer darauf an, möglichst pfiffig und eindeutig eine Verbindung zu der anvisierten Stelle oder dem Unternehmen herzustellen. Dies gelang einem Bewerber eines Spieleverlages. Er erfand ein „Heiteres Bewerbungsspiel für 2–4 möglichst Arbeit suchende Mitarbeiter" und – bekam die Stelle (siehe Beispiel 5).

Mehrfachstrategie

Pluspunkte können Sie auch sammeln, indem Sie den Personalverantwortlichen gleich mit zweifacher Post auf sich aufmerksam machen. Die Mehrfachstrategie funktioniert nach dem Motto „Doppelt gemoppelt hält besser". Dabei gibt es zwei grundsätzliche Möglichkeiten: Sie können den Empfänger bereits vor dem Versand Ihrer eigentlichen Bewerbung neugierig machen oder ihn danach noch einmal an sich erinnern.

Zur ersten Möglichkeit: Fallen Sie einmal nicht gleich mit der Tür ins Haus. Machen Sie per Salami-Taktik „scheibchenweise" auf sich aufmerksam. Der Empfänger bekommt zuerst nur eine Aufmerksamkeit zugesandt. Erst am nächsten Tag folgt die „Auflösung" in Form der Bewerbung. Ein Beispiel: Ein Stellungssuchender kündigte seine Bewerbung mit einem kleinen Blumenstrauß an, den er persönlich abgab. Auf einer beigefügten Karte stand nur: „Bewerbung folgt!" Im Anschreiben seiner Mappe, die einen Tag später folgte, nahm der Bewerber auf sein Blumengeschenk Bezug: „Ganz unverblümt: Die Stelle reizt mich." Die bunte Gabe kam an, der Bewerber wurde zum Vorstellungsgespräch eingeladen – allerdings war die Personalverantwortliche eine Frau. Ob diese Form der Aufmerksamkeit bei Männern genauso gut wirkt, ist zumindest fraglich.

Die andere Variante der Mehrfachstrategie ist die Nachfass-Taktik. Wieder bekommt der Empfänger zweimal Post, zunächst erhält er Ihre Bewerbung und einige Tage später bringen Sie sich mit einer weiteren Sendung wiederum ins Gedächtnis. Sie erreichen auf diese Weise, dass der Empfänger gerade Ihre Unterlagen noch einmal aus seinem Bewerbungsstapel heraussucht und Ihnen ein zweites Mal Beachtung schenkt. So schickte eine Unternehmensberaterin, die perfekte Englischkenntnisse vorweisen sollte, ihr Anschreiben zum zweiten Mal – ins Englische übersetzt.

BEISPIEL 1: DIREKTMAILING

Heiner Gutbrodt **Vertriebsspezialist**

Zähringerstr. 75
01662 Meißen
Tel. 03521/456122

SEEF Datentechnik GmbH
Postfach 20 76

40702 Hilden

Meißen, 25. November 2001

Meine Stärke für Ihre Zukunft!

Sehr geehrter Herr Vollmer,

gute Vertriebsmitarbeiter sind heute für ein Unternehmen wichtiger denn je. Im Werben um den Kunden verschaffen Sie sich entscheidende Vorteile durch einen aktiven und kompetenten Vertrieb. Mit gut ausgebildeten, engagierten Fachkräften ist das überhaupt kein Problem.

Sollten Sie einen neuen, Erfolg versprechenden Mitarbeiter zur Betreuung Ihres Kundenstammes und/oder Ausbau Ihres Betriebsnetzes suchen, könnte ich Ihr neuer Mann sein. Als ausgebildeter Bankkaufmann mit weitergehender Qualifikation zum Betriebswirt biete ich Ihnen langjährige Verkaufserfahrung und ein sicheres Gespür für den Markt und die Bedürfnisse der Kunden.

Lesen Sie in dem beiliegenden Lebenslauf, welche Qualifikationen ich Ihnen darüber hinaus bieten kann. Und verpassen Sie nicht die Gelegenheit, den persönlichen Gutschein zu nutzen.

Mit freundlichen Grüßen

Heiner Gutbrodt

Persönlicher Gutschein für Herrn Vollmer

Ja, bitte schicken Sie mir Ihre vollständigen Bewerbungsunterlagen. Ich erhalte die Sendung kostenlos und ohne jede Verpflichtung 14 Tage zur Ansicht.

Datum Unterschrift

BEISPIEL 2: DIREKTMAILING

Ferdinand Langer
Simrockstr. 4
80796 München
Tel. 0 89/7 55 42 83

Marcard Deutschland GmbH
Geschäftsleitung
Rüdigerstr. 20

73703 Esslingen

28. August 2001

Führungskraft sucht neue Position im Einkauf

Sehr geehrte Damen und Herren,

1. Haben Sie sich Wachstum zum Ziel gesetzt? Ja/Nein
2. Möchten Sie mit Materialwirtschaft die Wettbewerbsfähigkeit Ihres Unternehmens steigern? Ja/Nein
3. Nutzen Sie die strategischen Chancen des Einkaufs, um jederzeit einen reibungslosen Betriebsablauf sicherzustellen? Ja/nein
4. Wenden Sie die Instrumente des Cost Control und des Optimierungsmanagements an? Ja/Nein

Wenn Sie nur zwei dieser Fragen mit Ja beantwortet haben, lesen Sie bitte weiter. Denn dann benötigen Sie Führungskräfte, die ihr eigenes Potenzial effizient nutzen und aktiv Veränderungsprozesse mitgestalten wollen.

Falls Sie auf der Suche nach einem Mitarbeiter sind, der Ihnen bei der Umsetzung dieser Ziele tatkräftig zur Seite steht, biete ich Ihnen exzellentes Know-how und internationale Erfahrung in der Materialwirtschaft.

Dazu wichtige Stichworte vorab:

- ✓ erfolgreiche Praktizierung von Global Sourcing in verschiedenen Industrien mit deutlichen Kostensenkungseffekten.
- ✓ Beschaffung/Logistik: Einkaufsverantwortung bis D 150 Mio. p. a., dabei erzielte Materialeinsparungen über D 10 Mio. p. a.
- ✓ Sicherstellung eines Lieferservicegrades von über 99,5 %.
- ✓ Konzeption verschiedener Eurologistik-Strategien und -Systeme, moderne EDV-Abwicklung.
- ✓ Markenartikel: Product Line-Launches und Relaunches mit Materialkostenoptimierung und Sicherstellen pünktlicher Markteinführung.

Könnte das für Sie von Interesse sein? Fordern Sie ohne jede Verpflichtung meine kompletten Unterlagen an. Eine Antwortkarte liegt bei.

Mit freundlichen Grüßen

Ferdinand Langer

BEISPIEL 3: RÜCKANTWORTKARTE

Seite 1

Mit dieser Karte erfahren Sie mehr!

Sie erhalten Informationen über Ferdinand Sager

- seine Ausbildung
- seine bisherigen Tätigkeiten
- seine Fähigkeiten und Fertigkeiten
- weitere beruflich verwertbare Kenntnisse

Absender:

Seite 2

Antwort

Ferdinand Sager
Buttstr. 26

78253 Büsingen

☐ Ja, senden Sie mir Ihre kompletten Bewerbungsunterlagen zu.

BEISPIEL 4: RÜCKANTWORTKARTE

Seite 1

Sehr geehrter Herr Weißgerber,

ich bestätige den Eingang Ihrer Bewerbungsunterlagen.

- ☐ Bitte haben Sie Geduld. Die Auswertung der eingegangenen Bewerbungen wird noch einige Zeit in Anspruch nehmen.
- ☐ Ihre Bewerbung ist leider nicht in die engere Wahl gekommen, weil
  - ☐ Ihre Qualifikationen nicht ausreichen.
  - ☐ die Qualifikationen anderer Bewerber den Anforderungen der zu besetzenden Position besser entsprechen.
- ☐ Wir möchten Sie gerne kennen lernen. Bitte kommen Sie am .... um .... Uhr zu uns.

Herzliche Grüße

Firma/Name:

Seite 2

Herrn

Daniel Weißgerber
Baldurstr. 12

40235 Düsseldorf

BEISPIEL 5: BEWERBUNGSSPIEL

Bewerbungsspiel

Ein heiteres Würfelspiel für 2–4 (möglichst Arbeit suchende) Mitspieler

Man nehme: 4 Spielfiguren
1 Würfel

I. Spielregeln:

Derjenige Mitspieler darf zu würfeln beginnen, der schon am längsten auf der Suche nach einem durch und durch befriedigenden Job ist. Danach wird im Uhrzeigersinn weiter gewürfelt sowie jeweils die Augenzahl auf dem Spielfeld mit der eigenen Spielfigur gesetzt. Auf den Ereignis-Feldern müssen die nachfolgend beschriebenen Regeln beachtet werden.

II. Regeln für die Ereignis-Felder:

1. Oje, leider hast du die Anzeige von Berleburger in der ZEIT vom 21.5.02 gar nicht erst gesehen und musst nun zurück zum Start.
2. Prima, du hast die Anzeige sorgfältig gelesen und dich entschieden, eine Bewerbung an Berleburger zu schicken. Frisch voran: Rücke 3 Felder vor!
3. Du hast keine gute Idee für eine Bewerbung und zögerst zu lange, um noch als chancenreicher Bewerber angenommen zu werden. 5 Felder zurück.
4. Deine Bewerbung ist zu fantasielos. Wenn du spontan einen sinnvollen Satz sagen kannst, der die drei Wörter „fulminant", „Blumentopferde" und „Krankenversicherung" enthält, darfst du trotzdem weiterspielen. Sonst eine Runde aussetzen.
5. Leider, leider haben sich auf deinem Anschreiben zwei hässliche Rechtschreibfehler eingeschlichen, die dem Personalleiter gar nicht gefallen. Dein linker Nachbar soll sich zwei schwierige Wörter ausdenken, die du korrekt buchstabieren musst. Erst dann darfst du weiterspielen. Andernfalls wird von jedem in diesem Spiel folgenden Wurf ein Zähler abgezogen.
6. So ein Anschreiben lob ich mir! Alles drin, kurz das Wesentliche, optisch gut, keine Fehler. Du darfst die eben gewürfelte Augenzahl nochmals vorrücken.
7. Dein Bewerbungsfoto sieht aber gar nicht schön aus. Wohl im Automaten gewesen, was? 6 Felder zurück wegen Sparmaßnahmen am falschen Fleck.

8. Du konntest auf die Schnelle keine neue Bewerbungsmappe finden und nimmst einfach die zurückgeschickte von der letzten Bewerbung. Hässliche Kratzspuren darauf bedeuten: eine Runde aussetzen.
9. Als regelmäßiger Spieler kennst du die Berleburger-Palette und zeigst viel Einfühlungsvermögen. Alle anderen Mitspieler ein Feld zurück!
10. Die Zeugnisse in der Mappe sind nicht richtig sortiert, da du dir nicht genug Zeit genommen hast. Sortiere den folgenden Satz und du darfst weiterspielen: „Kreis der Pferd auf herum im Ein sprang Wiese."
11. Ein Kaffeefleck von der benachbarten Tasse verhindert, dass du den sorgfältig entworfenen Lebenslauf auch so abschicken kannst. Setze eine Runde aus und jongliere während dieser Zeit ein Glas mit Flüssigkeit auf deiner Stirn. Dann darfst du weiterspielen.
12. Wie ärgerlich! Nach fünf Tagen kommt deine Bewerbung zurück, da du das Porto vergessen hattest. Das Doppelte der eben gewürfelten Augenzahl zurück.
13. Ja, was haben wir denn da? Eine Einladung zum Bewerbungsgespräch!!!! Stelle deine Freude hierüber pantomimisch dar. Wenn alle Mitspieler einverstanden sind, rücke 2 Felder vor.
14. Ausgerechnet zum Gespräch bist du unpünktlich. Wegen Dummheit 10 Felder zurück.
15. Das Gespräch liefe prima, wenn du nur nicht so nervös wärst. Atme tief durch und sage je einmal vorwärts und rückwärts den Satz „EIN NEGER MIT GAZELLE ZAGT IM REGEN NIE". Nun kannst du weitergehen.
16. Beim Verlassen des Gebäudes von Berleburger nach dem Gespräch bist du vor lauter Aufregung patzig zum Pförtner. Leider kennt die Tochter des Pförtners den Tennistrainer des Neffen vom Personalchef, bei dem du soeben warst ... Alle anderen Mitspieler 2 Felder vor. Du 8 zurück.

ZIEL: Herzlichen Glücksstrumpf! Du hast den Job bei Berleburger, und er ist genauso gut, wie du ihn dir vorgestellt hattest.

VIEL SPASS!

[Anm.: Dazu passt ein Spielfeld mit einer durch Punkte markierten Wegstrecke und eingezeichneten Ereignisfeldern (1–16). „Start" und „Ziel" nicht vergessen.]

BEISPIEL 6: FOLDER

zugeklappt

Sie haben
konkrete Vorstellungen davon,
wie Sie sich Ihren

neuen Aufnahmeleiter

vorstellen,
aber kaum noch Hoffnung,
dass es ihn gibt?

Dann blättern Sie doch
bitte um ...

einmal aufgeklappt

Lernen Sie jemanden kennen, der

- seit drei Jahren als Aufnahmeleiter bei einer Hamburger Fernsehproduktionsgesellschaft mit dem Schwerpunkt Infotainment tätig ist, über gute Branchenkenntnisse verfügt und Workaholic ist,
- die Vorbereitung, Betreuung und Abwicklung von spritzig aufgearbeiteten Dokumentationen, Features und Reportagen für den einzigen Weg der Selbstverwirklichung hält,
- zuverlässig mit Kosten und Timings umgeht und alle sieben Wochentage für gleichberechtigt hält,

Herrn
Markus Bender
Seebacher Str. 22

48432 Rheine

Auf der nächsten Seite ➤
sehen Sie den Folder
vollständig aufgeklappt.

Lernen Sie jemanden kennen, der

- seit drei Jahren als Aufnahmeleiter bei einer Hamburger Fernsehproduktionsgesellschaft mit dem Schwerpunkt Infotainment tätig ist, über gute Branchenkenntnisse verfügt und Workaholic ist,
- die Vorbereitung, Betreuung und Abwicklung von spritzig aufgearbeiteten Dokumentationen, Features und Reportagen für den einzigen Weg der Selbstverwirklichung hält,
- zuverlässig mit Kosten und Timings umgeht und alle sieben Wochentage für gleichberechtigt hält,
- flexibel und belastbar ist, Organisationstalent und Durchsetzungsvermögen besitzt und auch einen gebügelten Anzug im Schrank hat.

Wenn Sie mich näher kennen lernen möchten, schicken Sie mir doch ganz einfach die nebenstehende Antwortkarte zurück.

Antwortkarte

Ich würde gerne mehr über Sie erfahren:

☐ Bitte rufen Sie mich an.

☐ Bitte senden Sie mir Ihre vollständigen Bewerbungsunterlagen.

☐ Ich möchte ein persönliches Gespräch mit Ihnen führen.
Bitte kommen Sie am ....
um ...... Uhr zu uns.

Firma ______

Name, Vorname ______

Straße ______

PLZ Ort ______

Telefon ______

Durchs Internet zum neuen Job

Für Bewerber gewinnt das Internet zunehmend an Bedeutung und eröffnet hochinteressante Chancen. Sie können Informationen über Unternehmen oder Bewerbungstipps recherchieren, Anfragen oder Bewerbungen per E-Mail versenden oder elektronische Stellengesuche aufgeben.

Das Internet ist mittlerweile überall so stark in unserem Alltag vertreten, dass der Eindruck entsteht, jeder habe Zugriff darauf. Die Realität ist solchen Vorstellungen zwar noch nicht ganz nachgekommen, insgesamt gesehen ist das Internet aber in deutschen Firmen stark auf dem Vormarsch und wird bei der Personalbeschaffung zunehmend eingesetzt.

Moderne Bewerber wissen vor allem den Zeitvorteil des neuen Mediums zu schätzen. Das gilt beispielsweise für die Stellensuche: Statt Berge von Zeitungen zu durchforsten, können Arbeitsuchende bequem vom Schreibtisch aus die Stellenbörsen des Internets besuchen und sich per Mausklick blitzschnell aktuelle Stellenanzeigen auf den Bildschirm holen. Den bei weitem größten Stellenmarkt im Internet verwaltet das Arbeitsamt (www.arbeitsamt.de). Der Stellen-Informations-Service (SIS) enthält über 300 000 Stellenangebote aus allen Branchen. Wenn Sie ein interessantes Angebot gefunden haben, können Sie sich in Ihrem An-

UNSER TIPP

Nicht jede auf dem Bildschirm erscheinende Stelle verweist auf einen freien Arbeitsplatz. Die Informationen werden teilweise nur unregelmäßig aktualisiert. Kontaktieren Sie unbedingt das Unternehmen vorab telefonisch, ob die Stelle auch noch frei ist.

schreiben auf das Internet beziehen. Sie haben dann gleich einen originellen Aufhänger für Ihr Anschreiben und zeigen, dass Sie sich mit den neuen Medien auskennen. Das werden viele Unternehmen bereits als ein Qualifikationsmerkmal anerkennen.

Die zehn beliebtesten Jobbörsen im Internet

1. Den größten deutschen Online-Stellenmarkt bietet das Internet-Angebot des Arbeitsamtes (www.arbeitsamt.de). Hier können Sie aus dem Vollen schöpfen.
2. Die Suchmaschine von Jobrobot (www.jobrobot.de) durchforstet rund 190 Jobsites und bietet rund 200 000 Stellen.
3. www.jobpilot.de bietet Zugang zu über 100 000 Stellenangeboten. Außerdem: viele Informationen und Service rund um Beruf und Karriere.
4. www.jobware.de bietet neben Jobs für Fach- und Führungskräfte viel Zusatzservice für Bewerber und Unternehmen.
5. Die Stellen bei www.mamas.de sind nach Branchen sortiert; ein Schwerpunkt ist der IT-Bereich.
6. Monster.de (www.monster.de) bietet eine große internationale Stellenauswahl, die man wahlweise deutschlandweit, europaweit oder weltweit auswerten kann.
7. Das Jobportal World Wide Job (www.wwj.de) zählt mit rund 300 000 Stellen weltweit zu den Großanbietern im Netz. Besonderheit: Die Seite verlinkt auf die Jobpages der Unternehmen.
8. Rund 100 000 Jobs in Europa, davon mehr als 10 000 in Deutschland findet man unter www.stepstone.de.
9. www.stellenmarkt.de ist ein übersichtlicher Internetstellenmarkt für Fach- und Führungskräfte.
10. Unter www.jobscout24.de finden Sie ein Karriereportal für Fach- und Führungskräfte.

Die Stellensuche ist nur eine der Möglichkeiten, die das Internet in Karrierefragen bietet. Da Schnelligkeit bei der Bewerbung oft ein entscheidender Faktor ist, wird die Online-Bewerbung bei Stellensuchenden immer beliebter. In Sekundenschnelle landet sie auf dem Schreibtisch des Personalverantwortlichen; da kommen die konventionellen Mappen per Schneckenpost nicht mit.

Neben der aktiven Bewerbung können Sie sich im Internet per Stellengesuch oder über eine eigene Bewerbungshomepage präsentieren. Allerdings: Es genügt nicht, einen ganz normalen Bewerbungsbrief per „Senden an"-Funktion an eine Firma weiterzuleiten oder die bereits vorhandenen Unterlagen einfach eins zu eins ins Web zu übertragen. Das Internet und die Kommunikation via E-Mail haben ihre ganz spezifischen Eigenheiten und es gibt eine Vielzahl ungeschriebener Regeln, die Sie unbedingt kennen sollten, wenn Sie einen guten Eindruck hinterlassen und positives Interesse an Ihrer Bewerbung wecken wollen.

Stellengesuch im Internet

Eine gute Möglichkeit, per Internet aktiv zu werden, ist das eigene Stellengesuch. Zahlreiche Jobvermittler wie z. B. www.jobpilot.de bieten die Möglichkeit, eine Suchanzeige im Internet zu veröffentlichen – und fast immer kostenlos.

Anders als bei einem Stellengesuch in der Tagespresse, bei dem der Bewerber in wenigen Zeilen angibt, was er sucht und was er kann, gibt er bei den Onlinegesuchen in der Regel über Formulare ein komplettes Bewerberprofil ein. Darin geht es nicht nur um fachliche Schwerpunkte und das gewünschte Aufgabenprofil, sondern um den gesamten beruflichen Werdegang inklusive Ausbildung, Praktika und Zusatzkenntnisse (z. B. Sprachen, EDV).

Auf diese Weise entstehen ganze Bewerberdatenbanken, die für Firmen und Personalberatungen eine Fundgrube darstellen, wenn sie ganz gezielt nach Bewerbern mit bestimmten Qualifikationen suchen. Diese ausführliche Form des Stellengesuchs hilft auch dem Bewerber, denn er kann dann nicht mehr daran scheitern, dass er gar nicht weiß, welche Positionen sich ihm bei seinen Qualifikationen bieten. Unter Umständen eröffnen sich so Jobmöglichkeiten, an die er selbst noch gar nicht gedacht hat. Auch wer kein konkretes Jobziel vor Augen hat und die richtige Herausforderung noch sucht, ist hier gut beraten.

Wenn Sie ein Stellengesuch im Internet veröffentlichen wollen, beachten Sie ein paar grundlegende Tipps:

- Oftmals entscheidet der Titel der Anzeige, ob ein Angebot angeklickt wird oder nicht. Wählen Sie eindeutige und schlagkräftige Formulierungen, wie z. B. „Bewerbung als Web-Editor".
- Gehen Sie genauso sorgfältig vor wie bei einer klassischen Bewerbung. Vermeiden Sie unbedingt Tipp- und Rechtschreibfehler.
- Achten Sie darauf, möglichst detailliert Qualifikationen und Kenntnisse anzugeben, da die Unternehmen häufig nach Bewerbern mit bestimmten Fähigkeiten suchen, z. B. einer bestimmten Programmiersprache.
- Nutzen Sie Freitextfelder (in denen Sie nicht nur ein Kreuzchen machen, sondern frei formulieren dürfen), um kurz und prägnant Ihre Qualifikationen und Ihren gesuchten Aufgabenbereich darzustellen.
- Eine Internetanzeige wird überregional gelesen: Vergessen Sie nicht, den bevorzugten Einsatzort anzugeben.

Falls wenig oder gar kein Stellenangebot kommt, sollten Sie sich Ihre Angaben noch einmal genauer anschauen und eventuell verbessern und daran feilen. Ändert sich auch dadurch nichts, könnte der Wechsel zu einer anderen Jobbörse helfen. Denn nicht alle Jobbörsen werden sorgfältig geführt.

Prüfen Sie am besten vor Aufgabe eines Gesuchs durch mehrfache Stichproben, ob die Anzeigen laufend überarbeitet werden. Jede einzelne Anzeige sollte mit dem Erscheinungsdatum versehen sein.

Ein weiteres Indiz für eine vertrauenswürdige Adresse: Bei seriösen Jobbörsen werden die Stellengesuche in der Regel anonymisiert aufgegeben, d. h., in dem Gesuch tauchen weder Name noch E-Mail-Adresse auf. Ein nicht unwichtiges Detail, schließlich kann jeder, auch Ihr derzeitiger Arbeitgeber, die Anzeige lesen! Deshalb stellen manche Jobbörsen die eingehenden Angebote unter einem Passwort zum Abruf bereit, andere vermitteln den Kontakt über E-Mail, jedoch ohne dass das Unternehmen die eigentliche Adresse sieht. Lesen Sie vorher auf der jeweiligen Internetseite nach, welches Verfahren die Jobbörse bevorzugt. Die Betreiber müssen klar und deutlich angeben, wie sie mit den ihnen anvertrauten Daten umgehen.

E-Mail-Bewerbung

Die elektronische Bewerbung ist die innovativste Form, sich bei einem Unternehmen vorzustellen. Allerdings wächst die Bereitschaft der Personalverantwortlichen, auch elektronische Bewerbungen zu empfangen und ernst zu nehmen, nur langsam. In alteingesessenen Firmen legt man nach wie vor großen Wert darauf, eine „richtige", vom Bewerber persönlich zusammengestellte Bewerbungsmappe mit Foto in Händen zu halten. Eine Bewerbung auf dem Bildschirm gilt als weniger aussagekräftig als persönlich gestaltete Unterlagen und wird höchstens als modische Vorspeise akzeptiert, dem dann im Hauptgang die traditionelle Bewerbung folgen muss. Richtig ist sicher: Wenn die Unterlagen in einem konservativen Unternehmen wie eine Papierbewerbung ausgedruckt, kopiert und innerhalb der Abteilungen weitergereicht werden, leidet die Qualität und die Präsentation ist für den Bewerber nicht optimal.

Richtig liegen Sie mit einer E-Mail-Bewerbung vor allem in der Computerbranche und im Medienbereich, also dort, wo von den Bewerbern auch im Beruf ein Umgehen mit neuen Medien erwartet wird. Hier schätzt man die schnelle und unkomplizierte Handhabung von E-Mails und gibt E-Mail-Bewerbungen sogar den Vorzug.

Die Vorteile der E-Mail:

- Sie ist unschlagbar schnell. In Sekundenschnelle landet Ihre Bewerbung so beim Empfänger, egal ob er in derselben Stadt oder am anderen Ende der Welt lebt.
- Sie ist enorm kostengünstig, denn Sie sparen sowohl Porto als auch Papier, Kopien und Mappen.
- Sie zeigen als Bewerber, dass Sie up to date sind und mit dem neuen Medium umgehen können.
- Sie kommt den modernen Arbeitsmethoden am Computer entgegen.

Fazit: Es gilt also immer abzuschätzen, ob der Empfänger eher zu den „Bildschirm-Freaks" oder zur „Papier-Fraktion" gehört. Vereinzelt findet sich bei den Stellenangeboten im Web auch die Möglichkeit, sich sofort online mittels eines standardisierten Fragebogens auf eine Stelle zu bewerben. Wenn aus der Anzeige oder dem Internetauftritt nicht klar erkennbar ist, ob E-Mail-Bewerbungen erwünscht sind, fragen Sie zunächst telefonisch bei den Unternehmen an, ob man Bewerbungen via Internet akzeptiert. Sie riskieren sonst, dass Ihrer Bewerbung nicht genügend Beachtung geschenkt wird oder – schlimmer noch – Verärgerung hervorruft, weil man auf die Bearbeitung von papierloser Post einfach nicht eingestellt ist.

Eine Kompromisslösung, die immer funktioniert: Sie schicken eine E-Mail, in der Sie sich kurz vorstellen und die Zusendung einer „klassischen" Bewerbung ankundigen. Oder Sie versenden eine kurze Initiativbewerbung, die aus Anschreiben und Lebenslauf besteht, und reichen Ihre Zeugnisse usw. nach.

Die Bewerbung in E-Mail-Form bringen

Generell sollten Sie sich darüber im Klaren sein, dass eine E-Mail-Bewerbung genauso viel Aufmerksamkeit und Sorgfalt erfordert wie die Zusammenstellung einer klassischen Unterlagenmappe. Obwohl der Umgangston im Web oft locker ist, sollten Sie für eine Bewerbung den laxen Cyberjargon vermeiden. Eine Bewerbungs-Mail schreibt man genauso höflich wie eine normale Bewerbung auf Papier. Tippfehler, Emoticons (;–) u. Ä.) und durchgehende Kleinschreibung haben in einer Bewerbung nichts zu suchen. Auch die folgenden Formalien sind zu beachten, damit Ihre E-Mail gut beim Empfänger ankommt:

- Füllen Sie auf jeden Fall die Betreffzeile aus. Wählen Sie eine eindeutige Formulierung, am besten gleich mit Fundort, z. B. „Bewerbung als Controller (jobpilot.de am 8. August)".
- Richten Sie die E-Mail an einen konkreten Ansprechpartner – unpersönlich gehaltene E-Mails an info@-Adressen landen vermutlich im Daten-Nirwana! Ein Blick auf die Homepage der Firma oder ein Anruf helfen weiter, um den richtigen Empfänger auszumachen.
- Fassen Sie sich kurz und formulieren Sie möglichst knapp und prägnant, denn Computerdokumente sind für die meisten Menschen mühsamer zu lesen als ein Ausdruck.
- Vergessen Sie nicht, am Ende der Mail Ihre vollständige Postadresse mit Telefonnummer und E-Mail-Adresse anzugeben.
- Verweisen Sie – wenn vorhanden – auf Ihre eigene Homepage.
- Um sicherzugehen, dass Ihre Mail auch gelesen wurde, bitten Sie um eine kurze Empfangsbestätigung.

UNSER TIPP

Schreiben Sie den Text offline. So können Sie sich beim Formulieren Zeit lassen. Drucken Sie Ihre Texte anschließend aus und prüfen Sie das Geschriebene noch einmal sorgfältig. Erfahrungsgemäß übersieht man am Bildschirm leicht Fehler.

Bleibt die Frage, wie Sie Ihre Bewerbung verschicken sollen. Ihre E-Mail kann aus einem in die Mail geschriebenen Text und aus verschiedenen angehängten Dokumenten bestehen, die je nach Software etwa die Bezeichnungen GIF, ZIP, PDF o. Ä. tragen. Spätestens hier wird es kompliziert. Nicht jede Firma erlaubt ihren Mitarbeitern wegen der Virengefahr, Dateianhänge zu öffnen. Und wissen Sie, ob Ihr Gegenüber die passende Software hat, um den Anhang zu öffnen? Außerdem zu bedenken: Anhänge kosten Downloadzeit und Speicherplatz des Empfängers. Wenn der Personalmensch sich bereits beim Herunterladen über die großen Dateien ärgert, die er dann vielleicht noch nicht einmal öffnen kann, weil er nicht über die entsprechende Software verfügt, ist das kein guter Einstand für Sie. Regel Nummer eins: Verzichten Sie auf Dateianhänge, es sei denn, sie werden ausdrücklich verlangt! Um jegliches Übermittlungsproblem auszuschließen, tippen Sie Ihr Schreiben am besten direkt in die E-Mail und wählen dazu in Ihrem E-Mail-Programm die Einstellung Nur-Text (ASCII-Text). Nicht immer erscheint die E-Mail mit allen gewünschten Formatierungen auf dem Bildschirm des Empfängers. Wer sichergehen will, dass die Mail korrekt umbrochen beim Empfänger landet, sollte die Zeilenumbrüche in seinem E-Mail-Programm auf ca. 70 Zeichen einstellen.

Den Lebenslauf können Sie ebenfalls direkt in die E-Mail schreiben. Auf diese Weise ersparen Sie dem Gegenüber einen Extra-Klick auf eine angehängte Datei – und damit Zeit.

Formal wirkt eine solche Nur-Text-Mail zugegebenermaßen eher schlicht. Sie haben hier nicht die Gestaltungsmöglichkeiten, die eine HTML-Datei bietet. Doch wird der Empfänger Ihre mit viel Aufwand gestaltete E-Mail vielfach gar nicht so empfangen, wie Sie sie abgeschickt haben, weil er z. B. seine Mails nicht im HTML anzeigt. Auch wirken auf wendige Formatierungen auf dem Bildschirm eher störend. Einfache Schwarz-Weiß-Texte lassen sich am angenehmsten lesen.

Und so spartanisch, wie Sie vielleicht glauben, muss Ihre Mail gar nicht aussehen. Zwar müssen Sie im Nur-Text-Modus auf fette und kursive Schriften, Farben und Tabulatoren verzichten. Dennoch lassen sich mit der ausschließlichen Verwendung der ASCII-Zeichen – also jener Zeichen, die über die Tastatur verfügbar sind – optisch aussagekräftige

E-Mails herstellen. Zunächst sind Absätze für eine optisch klare Struktur hilfreich. Sie können die Möglichkeit der Aufzählung nutzen, die sich z. B. durch Spiegelstriche betonen lässt. Außerdem lassen sich mit etwas Fantasie verschiedene Zeichen nutzen, um Linien herzustellen, z. B. Unterstrich (___), Bindestrich (—) oder das Gleichheitszeichen (===). Das kann besonders für eine übersichtliche Gestaltung des Lebenslaufs nützlich sein. Auch die Plustaste (+) oder das Sternchen (*) lassen sich zu Gestaltungszwecken einsetzen.

Natürlich kann es vorkommen, dass Firmen eine ausführliche Variante der E-Mail-Bewerbung mit Dateianhängen wünschen. Weisen Sie in diesem Fall im Anschreiben auf die angefügten Dateien hin. Sie werden sonst leicht übersehen. Damit Ihre Attachments auch gelesen werden können, klären Sie unbedingt vorab telefonisch, welche Dateiformate der Empfänger lesen kann. Schon bei einer Word-Datei kann es zu Schwierigkeiten kommen, wenn der Empfänger eine ältere Programmversion hat als Sie! Ohnehin ist für Textdateien RTF (Rich Text Format) am besten geeignet. Dieses Programm ist virensicher und kann von den meisten Empfängern problemlos geöffnet werden.

Wenn Sie Fotos und Zeugnisse mit Ihrer Bewerbung versenden, scannen Sie diese sauber ein. Integrieren Sie Grafiken in ein Textverarbeitungsdokument und wählen Sie dann zum Verschicken gängige Formate wie „doc“ oder „txt“. Das ist oft besser, als sie einzeln im GIF- oder JPG-Format beizulegen.

INFO

Hilfreiche Freemail-Adressen

Sie haben keine persönliche Mail-Adresse, sondern nur über die Firma? Es wäre nicht besonders klug, eine Bewerbung über die Firmenadresse zu verschicken. Richten Sie sich besser eine so genannte Freemail-Adresse ein, die nur Ihnen zugänglich ist. Das geht z. B über gmx (www.gmx.de), Yahoo (www.yahoo.de) oder Web.de (www.web.de) ganz schnell und kostenlos. Weiterer Vorteil: Das Postfach lässt sich von jedem Computer, auch von unterwegs, einsehen.

Bewerbungsformulare nutzen

Einige Firmen bieten auf ihrer Homepage Bewerbern die Möglichkeit, sich online zu bewerben. Dazu haben die Unternehmen Formulare vorbereitet, mit denen die gewünschten Daten des Bewerbers abgefragt werden. Solche Formulare können sehr unterschiedlich aussehen. Manche sind ganz schlicht gehalten und geben in großen Textfeldern viel Raum für eigene Formulierungen. Andere sind sehr ausgefeilt und fragen über mehrere Seiten ausführlich Lebensdaten, berufliche Stationen und Fähigkeiten ab. Zum Teil können sogar Zeugnisse direkt mit der Online-Bewerbung verschickt werden.

Der Vorteil solcher Bewerbungsformulare für das Unternehmen liegt auf der Hand: Es erhält auf diese Weise Bewerbungen, die eine schnelle Einschätzung der Eignung und den Vergleich zwischen den Bewerbern ermöglichen.

Für den Bewerber kann das von Nachteil sein, denn solche Formularbewerbungen bieten oftmals kaum individuellen Spielraum. Wenn Sie den Wunschqualifikationen des Unternehmens entsprechen, ist dieses Manko für Sie kein Problem. Wenn Sie aber eine Chance haben möchten, obwohl Sie sich z. B. als Quereinsteiger bewerben, fahren Sie vermutlich mit einer sorgfältig formulierten Papierbewerbung besser, denn das gibt Ihnen die Möglichkeit, sich mit Ihren speziellen Stärken werbewirksam zu verkaufen. Entscheiden lässt sich das nur im Einzelfall: Sehen Sie sich das Online-Formular daraufhin an, ob es Ihnen genügend Spielraum bietet, sich mit Ihren individuellen Fähigkeiten ins rechte Licht zu rücken. So haben manche Firmen durchaus großzügige Freitextfelder vorgesehen, andere bitten explizit darum, ein frei formuliertes Anschreiben mitzuschicken (z. B. SAP).

Haben Sie sich entschieden, ein Online-Formular auszufüllen, sollten Sie mit viel Sorgfalt vorgehen und alle Fragen so genau wie möglich beantworten. Ganz wichtig: Sichern Sie die Inhalte, damit Sie auch nachher noch wissen, was Sie der Firma eigentlich über sich mitgeteilt haben. Das geht am einfachsten, wenn Sie die ausgefüllten Formulare ausdrucken

UNSER TIPP

Um sicherzugehen, dass das ausgefüllte Bewerbungsformular auch den Empfänger erreicht, sollten Sie nach dem Absenden des Bewerbungsformulars auf die Absendebestätigung warten.

(Datei/Drucken) oder auf Ihrer Festplatte speichern (Datei/Speichern unter).

Alternativ können Sie auch einen so genannten Screenshot anfertigen und in ein Word-Dokument importieren. Und das geht so: Text markieren, Strg + C gleichzeitig drücken, dann ein leeres Word-Dokument öffnen und den markierten Inhalt mit Strg + V einfügen.

Bewerbungshomepage

Die ansprechend gestaltete eigene Homepage im Internet kann eine äußerst wirkungsvolle Ergänzung zur Bewerbung sein. Die Vorteile liegen auf der Hand: Sie können in Ihrem Anschreiben, Ihrer E-Mail-Bewerbung oder an geeigneter Stelle im Online-Formular darauf verweisen und die Verantwortlichen können sich bei Interesse in aller Ruhe Ihre ausführliche Bewerbung ansehen, ohne erst umständlich weitere Unterlagen anfordern zu müssen.

Positiv gesehen wird eine solche Präsentation im Internet besonders von solchen Firmen, die von ihren künftigen Mitarbeitern Aufgeschlossenheit gegenüber den neuen Medien erwarten. Mit einer anspruchs- und niveauvollen Homepage können Sie besonders bei Agenturen und in der Multimediabranche punkten. In diesen Fällen erhält sie den Status einer Arbeitsprobe und zeigt, dass Sie sich nicht nur im Netz auskennen, sondern seine Möglichkeiten auch zu nutzen wissen. Doch auch in traditionellen Firmen ist eine sachlich-informativ aufgemachte Homepage in jedem Fall ein Plus.

Wenn Sie auf eine Homepage verweisen, sollten dort ausschließlich Bewerbungsunterlagen zu sehen sein und nicht etwa Fotos von Ihrer letzten Party. Auch wird sich kaum ein Personalchef für animierte Grafiken, grelle Farben und ungewöhnliche Schrifttypen erwärmen. Wer sich nicht gerade als Grafiker oder Designer profilieren will, sollte seine künstlerischen Ambitionen besser an anderer Stelle erproben.

Informationsgestaltung

Feste Regeln zum Aufbau einer Bewerbungshomepage gibt es nicht. Einfach aber effektiv ist es, wenn Sie Ihren Internetauftritt wie eine normale am PC erstellte Bewerbung gestalten. Sie könnte die folgenden Elemente enthalten:

- berufliches Profil, in dem Sie Ihre Kenntnisse und Fähigkeiten nach Sachgruppen geordnet präsentieren,
- einen Lebenslauf, der Ihren Werdegang chronologisch aufschlüsselt,
- dritte Seite, die Ihnen nach dem Motto „Was Sie sonst noch über mich wissen sollten“ die Möglichkeit bietet, Ihre Besonderheiten in den Vordergrund zu rücken oder Ihre beruflichen Ziele zu beschreiben,
- Zeugnisse,
- Passfoto.

Halten Sie sich immer vor Augen, dass Ihr Gegenüber vielleicht nur wenige Minuten Zeit hat, sich Ihre Homepage anzusehen. Erste Maxime ist daher die Überschaubarkeit und Funktionalität. Reduzieren Sie Ihre Selbstdarstellung auf vier bis fünf Navigationspunkte.

Sie müssen sich außerdem Gedanken machen, an wen sich die Webpräsentation richten soll und wer welche Informationen bekommen soll bzw. darf. Den wenigsten Arbeitsaufwand haben Sie, wenn Sie sich allgemein mit Angaben zu Ihrem Werdegang für jeden zugänglich im Netz vorstellen.

Aufwendiger aber auch wirkungsvoller wird Ihr Internet-Auftritt, wenn Sie ihn für jedes Unternehmen einzeln aktualisieren. Dazu benötigen Sie – ähnlich wie bei der Papierbewerbung – ein individuelles Anschreiben, also eine Begrüßungsseite, die sich konkret an das einzelne Unternehmen richtet, bei dem Sie sich beworben haben. Der Vorteil: Sie können damit ganz gezielt auf die Anforderungen eingehen, die das Unternehmen formuliert hat und werden dann vielleicht besonders die Führungsqualitäten unterstreichen, weil das Unternehmen eine Führungspersönlichkeit sucht, oder Ihre umfangreichen Programmierkenntnisse betonen, wenn eine Stelle als Programmierer zu besetzen ist. Diese empfängerorientiert gestalteten Seiten sollten Sie sinnvollerweise vor allgemeinem Zugriff schützen. Das klappt, wenn Sie diese Bewerbungen in unterschiedliche Verzeichnisse Ihres Webspace packen und mit einem Passwort schützen.

Ohnehin ist es zum empfehlen, die vertraulichen Informationen einer Bewerbungshomepage mit einem passwortgeschützten Zugang zu versehen. Schließlich geht es nur wenige Menschen etwas an, was in Ihren Arbeitszeugnissen steht, und Sie sorgen dafür, dass nur derjenige die Seiten einsehen kann, der von Ihnen dazu berechtigt worden ist. Wenn der Provider keinen Verzeichnisschutz per Passwort bietet, kann eine verschlüsselte ZIP-Datei oder auch eine Office-Passwort-Funktion zumindest für grundlegenden Schutz sorgen.

Die Erstellung der Homepage

Eine eigene Homepage zu erstellen ist gar nicht so schwer, erfordert aber zumindest einige Erfahrung im Umgang mit dem Computer. Zur Gestaltung stehen dem ambitionierten Bastler zahlreiche Programme für die HTML-Bearbeitung zur Verfügung. Diese so genannten HTML-Editoren leisten bei der Bewältigung der Internet-Programmiersprache HTML (Hypertext Markup Language) gute Dienste. Dabei arbeitet man standardmäßig im WYSIWYG-Modus (What you see is what you get), ähnlich einer Textverarbeitung. Man kann Texte schreiben, Bilder einfügen und das Programm zeigt gleich, wie das der Browser ungefähr umsetzen wird. HTML-Kenntnisse sind in der Regel nicht nötig.

UNSER TIPP

Eine ausführliche Anleitung zum Schreiben einer Homepage finden Sie im Internet bei T-Online unter der Webadresse http://home.t-online.de/home/hp-faq/.

Neben den käuflich zu erwerbenden Programmen wie Microsoft Front-Page oder Dreamweaver von Macromedia, gibt es viele dieser HTML-Helfer (z.B. 1st Page oder Phase 5) kostenlos im Internet oder in den beigelegten CDs der Internet- und Computerzeitschriften. Eine zugegebenermaßen sehr schlichte Homepage können Sie übrigens auch mit dem in Word integrierten Webseiten-Assistent erstellen. Sie finden ihn, wenn Sie Datei + neu aktivieren.

Wer bisher ohne Erfahrung ist und nicht die Geduld oder Zeit hat, sich ausführlich mit der Internet-Programmierung auseinander zu setzen, muss deswegen nicht auf die eigene Homepage verzichten, sondern kann auf die professionelle Hilfe von Webdesignern zurückgreifen. Allerdings verlangen viele dieser Onlineagenturen mehr oder weniger horrende Summen für ihre Dienste – hier gilt es, Preise zu vergleichen und genau die Anforderungen abzustimmen, um nicht mehr zu zahlen, als wirklich nötig ist.

Aufbau und Design

Egal ob Sie sich selbst an die Gestaltung machen oder professionelle Hilfe in Anspruch nehmen, der Erfolg Ihrer Homepage hängt nicht nur vom Inhalt ab, sondern auch von Design und Aufbau. Eine gute Website zu gestalten ist nicht einfach. Wenn Sie es selbst machen wollen, besorgen Sie sich ein gutes Handbuch und probieren Sie die darin enthaltenen Vorschläge aus.

Sehen Sie sich auch andere Seiten im Internet an. Eine Auswahl an Bewerbungshomepages im Internet finden Sie beispielsweise unter www.tripod.de, wenn Sie das Stichwort Bewerbung in die Suchmaschine der Website eingeben. Überlegen Sie, was Ihnen an den Beispielen gut und was nicht so gut gefällt, und nutzen Sie diese Erkenntnisse für Ihre eigene Seite. Basteln Sie so lange an Ihrer Homepage, bis Sie damit rundum zufrieden sind.

Einige Grundregeln sollten Sie dabei unbedingt beachten:

- Achten Sie auf eine klare und logische Struktur und eine leicht nachvollziehbare Verlinkung, sodass sich der Besucher schnell in Ihrer Präsentation zurechtfindet.
- Am besten begrüßen Sie Ihre Besucher auf einer einfachen Seite, ähnlich dem Deckblatt einer Papierbewerbung. Platzieren Sie hier eine kurze Vorstellung Ihrer Person mit Adresse und einen Link zu Ihrer E-Mail-Adresse, damit der Betrachter schnell und umkompliziert Kontakt mit Ihnen aufnehmen kann.
- Entwerfen Sie ein einheitliches Layout. Typische Elemente wie Hintergrundfarbe, Button-Stil und Schrift sollten bei allen Dokumenten gleich aussehen.
- Gestalten Sie die Seiten übersichtlich und aufgelockert. Zu viel und zu eng gedruckter Text lässt sich am Bildschirm schlecht lesen.
- Bieten Sie ein überschaubares „Verkehrsleitsystem“ und stellen Sie die Links auf jeder Seite z. B. am linken oder oberen Rand zusammen, sodass sich der Besucher Ihrer Homepage von jeder Seite zu einer anderen oder wieder zum Anfang Ihrer Bewerbung klicken kann.
- Kontrollieren Sie Ihre Homepage sorgfältig auf Rechtschreibfehler und prüfen Sie die Funktionstüchtigkeit der Navigation. Es vermittelt keinen guten Eindruck, wenn die Rechtschreibung zu wünschen übrig lässt oder sich einzelne Seiten nicht aufrufen lassen.

INFO

Webspace für die Bewerbungshomepage

Die meisten Provider räumen ihren Kunden Platz für ihre individuelle Homepage ein. Außerdem gibt es zahlreiche Gratisanbieter von Speicherplatz, die sich über Werbung finanzieren, z. B. GeoCities (www.geocities.de) und Tripod (www.tripod.de). Der Nachteil: Sie bekommen lediglich ein Unterverzeichnis zugewiesen und machen per Webadresse Werbung für T-Online oder sonstige Anbieter (z. B. www.geocities.com/name/Bewerbung.html). Unter Umständen müssen Sie auch Werbebanner des Anbieters oder Fremdwerbung in Kauf nehmen. Wer seine Homepage etwas professioneller und mit einer eigenen Domain (z. B. www. Mein-Name.de) platzieren möchte, muss ein paar Euro investieren. Schnell und günstig geht das z. B. bei Strato (www.strato.de) und Puretec (www.puretec.de).

BEISPIEL 1: E-MAIL-BEWERBUNG

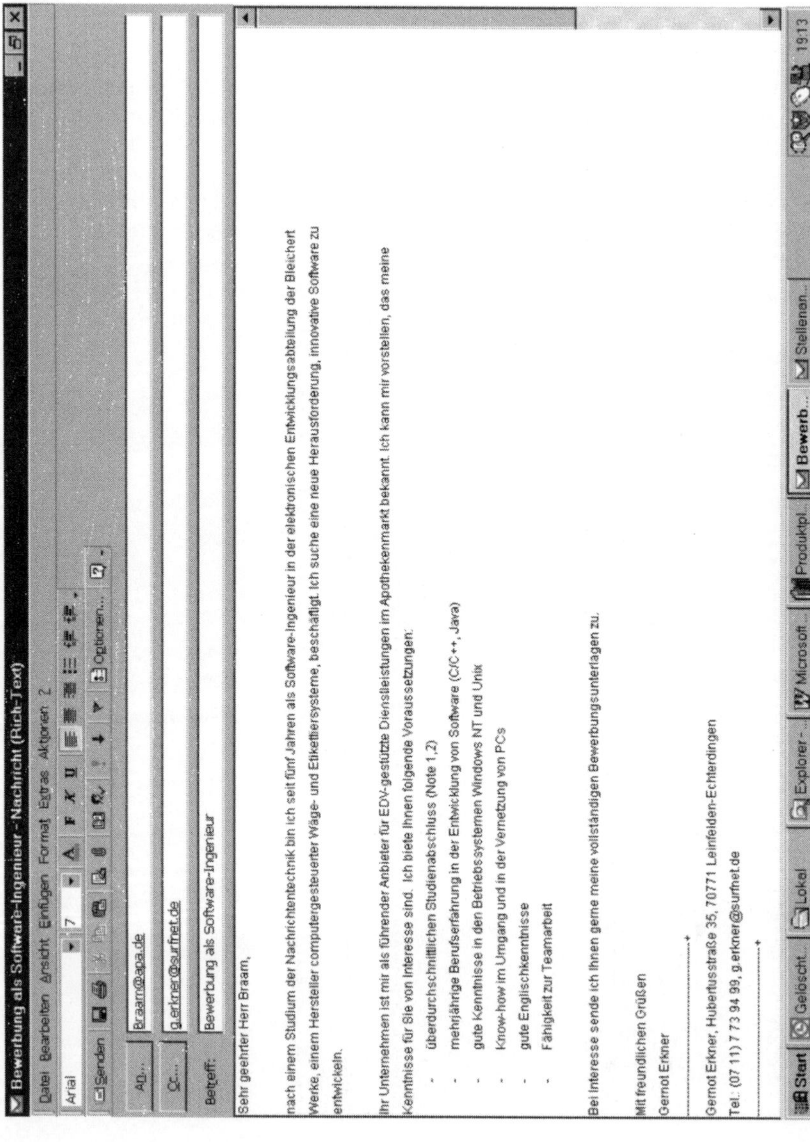

Bewerbung als Software-Ingenieur - Nachricht (Rich-Text)

An...: Braam@apa.de

Cc...: g.erkner@surfnet.de

Betreff: Bewerbung als Software-Ingenieur

Sehr geehrter Herr Braam,

nach einem Studium der Nachrichtentechnik bin ich seit fünf Jahren als Software-Ingenieur in der elektronischen Entwicklungsabteilung der Bleichert Werke, einem Hersteller computergesteuerter Wäge- und Etikettiersysteme, beschäftigt. Ich suche eine neue Herausforderung, innovative Software zu entwickeln.

Ihr Unternehmen ist mir als führender Anbieter für EDV-gestützte Dienstleistungen im Apothekenmarkt bekannt. Ich kann mir vorstellen, das meine Kenntnisse für Sie von Interesse sind. Ich biete Ihnen folgende Voraussetzungen:

- überdurchschnittlichen Studienabschluss (Note 1,2)
- mehrjährige Berufserfahrung in der Entwicklung von Software (C/C++, Java)
- gute Kenntnisse in den Betriebssystemen Windows NT und Unix
- Know-how im Umgang und in der Vernetzung von PCs
- gute Englischkenntnisse
- Fähigkeit zur Teamarbeit

Bei Interesse sende ich Ihnen gerne meine vollständigen Bewerbungsunterlagen zu.

Mit freundlichen Grüßen

Gernot Erkner

-------------------------------+

Gernot Erkner, Hubertusstraße 35, 70771 Leinfelden-Echterdingen

Tel.: (07 11) 7 73 94 99, g.erkner@surfnet.de

-------------------------------+

BEISPIEL 2: E-MAIL-KURZBEWERBUNG

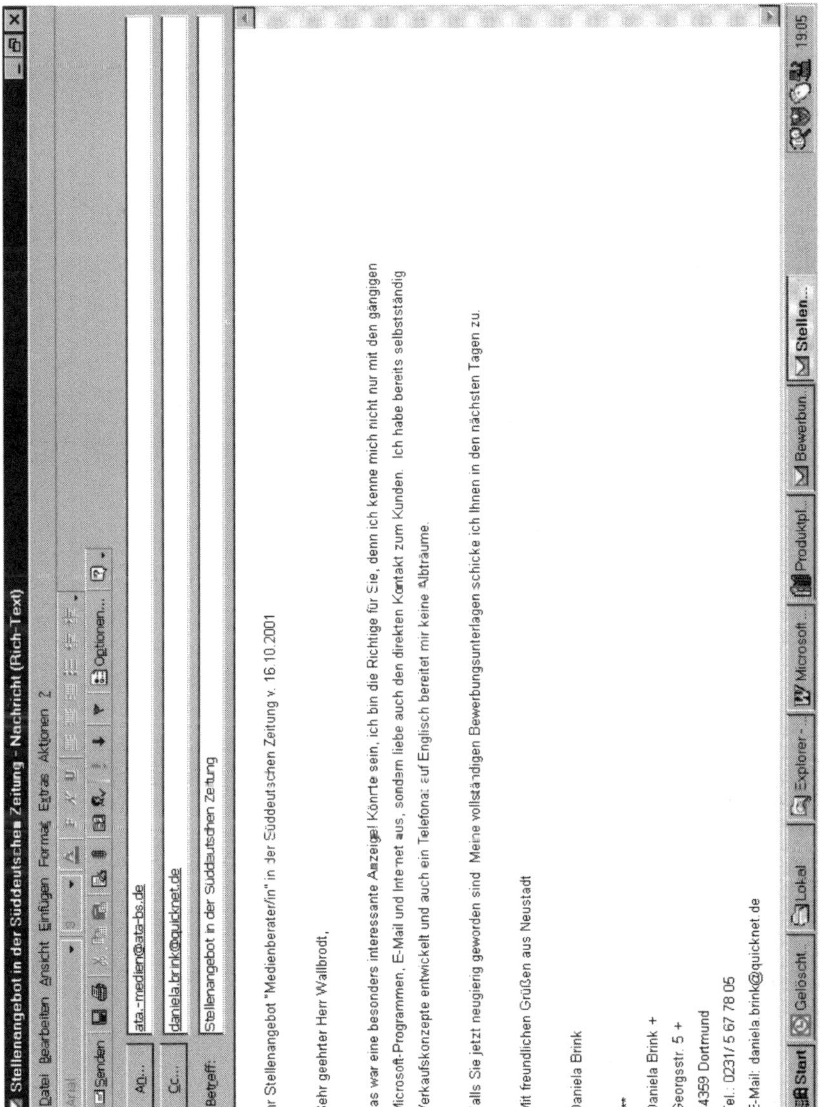
Stellenangebot in der Süddeutschen Zeitung - Nachricht (Rich-Text)

Datei Bearbeiten Ansicht Einfügen Format Extras Aktionen ?

Senden ... Optionen...

An...: ata.-medien@ata-bs.de

Cc...: daniela.brink@quicknet.de

Betreff: Stellenangebot in der Süddeutschen Zeitung

Ihr Stellenangebot "Medienberater/in" in der Süddeutschen Zeitung v. 16.10.2001

Sehr geehrter Herr Wallbrodt,

das war eine besonders interessante Anzeige! Könnte sein, ich bin die Richtige für Sie, denn ich kenne mich nicht nur mit den gängigen Microsoft-Programmen, E-Mail und Internet aus, sondern liebe auch den direkten Kontakt zum Kunden. Ich habe bereits selbstständig Verkaufskonzepte entwickelt und auch ein Telefonat auf Englisch bereitet mir keine Albträume.

Falls Sie jetzt neugierig geworden sind: Meine vollständigen Bewerbungsunterlagen schicke ich Ihnen in den nächsten Tagen zu.

Mit freundlichen Grüßen aus Neustadt

Daniela Brink

***

Daniela Brink +
Georgsstr. 5 +
44359 Dortmund
Tel.: 0231/ 5 67 78 05
E-Mail: daniela.brink@quicknet.de

Start | Gelöscht... | Lokal | Explorer -... | Microsoft... | Produktpl... | Bewerbun... | Stellen... | 19:05

BEISPIEL 3: BEWERBUNGSHOMEPAGE

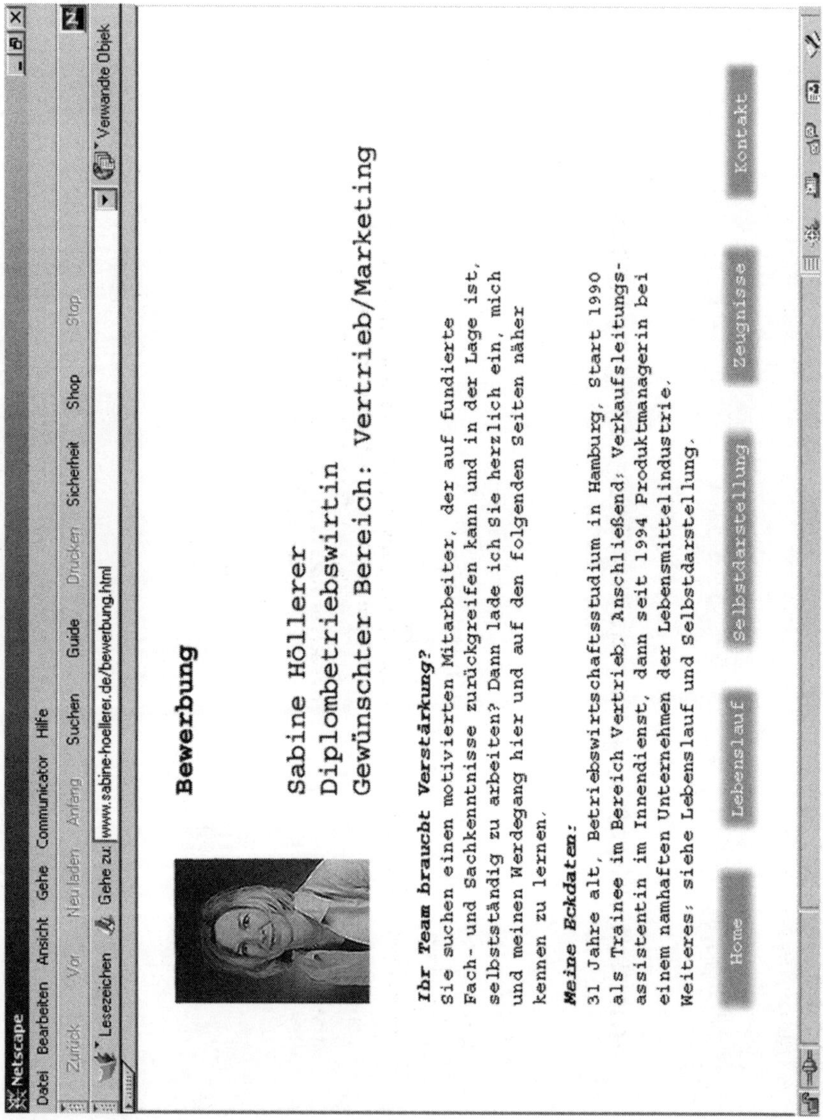

BEISPIEL 4: BEWERBUNGSHOMEPAGE

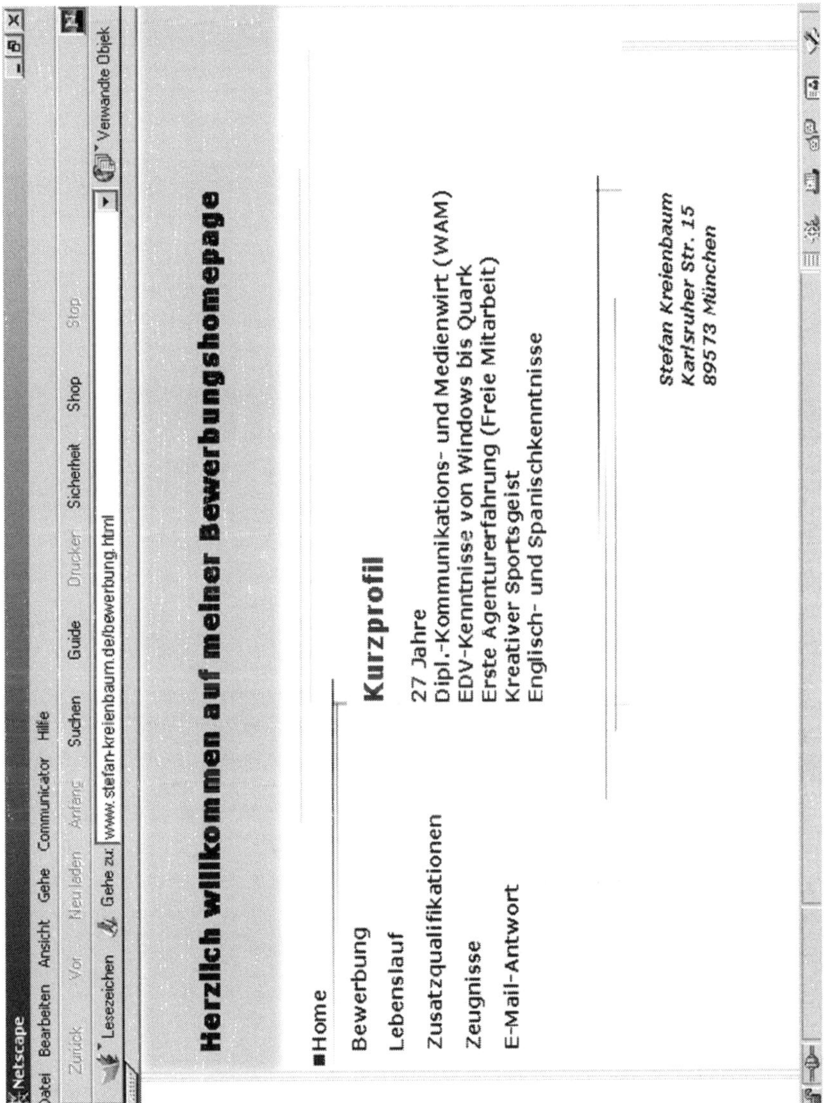

Register